Die Welt der Tiere und Pflanzen

Arena

Bibliothek

Dieses Werk ist Teil der Reihe „Bibliothek des Wissens".

Redaktionsleitung:
Claude Naudin, Catherine Boulègue und Nathalie Bailleux unter Mitwirkung von Roger Dajoz, Guilhelm Lesaffre, Eric Mathivet und François Moutou am Text, unterstützt von Olivier Cornu, Sylvie Daumal und Marie-Claude Germain

Grafische Konzeption und künstlerische Leitung: Anne Boyer, unterstützt von Emmanuel Chaspoul
Layout: Laure Massin

Korrekturen und Bearbeitung:
Annick Valade, unterstützt von Isabelle Dupré, Françoise Moulard

Illustrationen: Anne-Marie Moyse-Jaubert
Recherchen für Bildmaterial:
Marie-Annick Réveillon

Herstellung: Annie Botrel

Technische Koordination:
Pierre Taillemite

Umbruch: Palimpseste

In neuer Rechtschreibung

Die Originalausgabe erschien 1995 unter dem Titel „Les plantes et les animaux"

© Larousse-Bordas/H.E.R. 2000

1. Auflage
© für die deutsche Ausgabe by Arena Verlag GmbH, Würzburg 2000
Aus dem Französischen von Miriam Magall
Deutsche Fachberatung:
Klaus Neff
Einbandgestaltung:
Agentur Hummel & Lang
Alle Rechte vorbehalten
ISBN 3-401-05172-5

Printed in France

Die Welt der Tiere und Pflanzen

Auf den folgenden Seiten werden die Lebewesen unseres Planeten in all ihrer Vielfalt vorgestellt: von den Algen bis zu den Orchideen, von den Schwämmen bis zu den Insekten und von den Fischen bis zu den Affen.

Hinweise für den Gebrauch des Buchs

Das Werk besteht aus drei Teilen. Am Anfang eines jeden Teils werden die verschiedenen Kapitel vorgestellt und kurze Zusammenfassungen des Inhalts gegeben.

Große doppelseitige Aufnahmen gliedern die Kapitel und zeigen außergewöhnliche Bilder wie z. B. ein Chamäleon auf der Jagd oder neugierige Erdmännchen in der Wüste.

Die letzten Seiten bringen zusätzliches Wissenswertes und die Kurzbiografien berühmter Biologen und Naturforscher.

Mit Hilfe des Registers findet man schnell und gezielt diejenigen Informationen, die man sucht.

▮▮▮▮▮

des Wissens

Kapitelüberschrift
Jedes Kapitel umfasst eine oder mehrere Doppel-seiten.

Einführender Text
Hier wird kurz das im Kapitel behandelte Thema vorgestellt.

Breitformatfoto
Hier wird eines der behandelten Themen illustriert.

Die Ränder
Sie enthalten Informationen über zusätzliche, ergänzende Themen.

Manche Pflanzen in der Natur bringen nie Blüten hervor. Dazu gehören Algen, Flechten, Moose, Farne und Nadelhölzer. Jede dieser Pflanzen zeichnet sich durch eine besondere Fortpflanzungsmethode aus.

Die blütenlosen Pflanzen

Eine Riesenbraunalge (*Macrocystis pyrifera*)

● **Keimzelle:** männliche oder weibliche Fortpflanzungszelle; um ein neues Lebewesen zu erzeugen, verbindet sie sich mit der Keimzelle des anderen Geschlechts.

● **Kryptogam:** blütenlose Pflanze, deren Fortpflanzungsorgane oft verborgen oder kaum sichtbar sind.

● **Nacktsamer:** blütenlose Pflanze, deren Samenanlage offen an den Fruchtblättern sitzt.

● **Plankton:** Gesamtheit sehr kleiner Tiere und Pflanzen, die im Wasser schweben.

● **Rhizom:** unterirdischer, oft waagerechter Spross, der Wurzeln und Blätter oder beblätterte Äste in der Luft bildet.

● **Spore:** sehr kleine Fortpflanzungseinheit bestimmter Pflanzenarten wie Pilze, Moose und Farne.

● **Sporenkapsel:** bei den Farnen eine Art Sack voller Sporen.

● **Thallus:** Pflanzenkörper bei Algen oder Pilzen ohne Wurzeln, Äste oder Blätter.

12

Braunalge: der Ledertang
(*Fucus vesiculosus*)

Die blütenlosen Pflanzen wuchsen auf der Erde zuerst. Bei einigen wie den **Krypto-gamen** (vom griechischen *kryptos*, „verborgen", und *gamos*, „Heirat") sind die Fortpflanzungsorgane kaum sichtbar und oft verborgen: Das ist bei Algen, Flechten, Moosen und Farnen der Fall. Andere wie die Gymnospermen (**Nacktsamer**; vom griechischen *gymnos*, „nackt", und *sperma*, „Samen") erzeugen Samen, die keine Hülle schützt: Das sind die Nadelhölzer.

Diese Rotalge (*Phyllophora*) lebt im Salzwasser in großer Tiefe.

Grün-, Braun- und Rotalgen
Algen sind die ältesten Pflanzen überhaupt. Sie leben vornehmlich im Wasser und sind ganz einfach gebaut: Wurzel, Ast und Blatt verschmelzen zu einem einzigen sichtbaren Körper: dem **Thallus**. Algen existieren in allen Größen. Einige sind mikroskopisch klein wie die Kieselalgen, die im Meer schweben und Pflanzen-**Plankton** bilden. Andere sind gewaltig wie der Blatttang, eine Braunalgenart, die bis zu vier Meter misst, oder der Beerentang, der eine Größe von mehreren Dutzenden von Metern erreicht. Die Algen weisen auch verschiedene Formen auf: Einige bestehen aus einem einfachen Faden, andere sind sehr flach, wieder andere rund mit mehr oder weniger eingeschnittenen Rändern.

Man unterscheidet anhand der in ihnen enthaltenen Farbpigmente drei Algenkategorien: Grün-, Braun- und Rotalgen. Die Grünalgen besitzen nur ein grünes Pigment, das Chlorophyll. Braunalgen wie der Ledertang haben außerdem noch braune und gelbe Pigmente, die Rotalgen dagegen rote und blaue. Die Algen nutzen das Sonnenlicht mit Hilfe dieser Pigmente.

Zu ihrem Wachstum benötigen Algen Wasser und Licht. Braunalgen kommen nur im Salzwasser vor, Grün- und Rotalgen leben auch im Süßwasser. Einige Arten sind sogar außerhalb von Wasser anzutreffen wie die *Chlorococcus*-Algen; sie leben an feuchten Orten: an Baumrinden oder alten Mauern.

Die Fortpflanzung bei Algen
Die Fortpflanzung von Algen erfolgt auf unterschiedliche Weise und ist oft kompliziert. Eine Braunalge, der Ledertang, kann als typisches Beispiel dafür dienen. Der Ledertang ist entweder männlich oder weiblich oder auch beides gleichzeitig. Zu bestimmten Zeiten treten an den Thallusrändern Schwellungen auf. Sie beherbergen die Fortpflanzungsorgane. Diese Fortpflanzungsorgane erzeugen Keimzellen, die im Wasser freigesetzt werden. Die Befruchtung, also die Verschmelzung einer männlichen Keimzelle mit einer weiblichen, führt zu einer einzigen Zelle, dem Ei. Dieses wächst und eine neue Alge entsteht.

Flechten
Bestimmte mikroskopisch kleine Algen wachsen auf Pilzen. Das sind Pflanzen ganz besonderer Art: die Flechten. Dank ihres Chlorophylls erzeugt diese Alge Stoffe, von denen sich der Pilz ernährt. Der Pilz dient der Pflanze wiederum als Wasserreservoir und nährt sie mit Mineralsalzen. Flechten kommen ausschließlich auf dem Festland vor und sind am Boden, auf Baumstämmen oder auf Steinen zu finden.

Viele Arten pflanzen sich durch Teilung fort: Wenn sich zum Beispiel ein kleines Stück einer Flechte mit einem Algen- und einem Pilzfragment löst und etwas weiter entfernt auf einen Stein oder Baumstamm fällt, entsteht dort eine neue Flechte. Flechten sind meistens grau, grün oder gelb und sie weisen verschiedene Formen auf. Einige wie der Gattung *Cladonia* sehen aus wie kleine aufrechte Sträucher. Flechten sind sehr widerstandsfähig und behaupten sich auch auf nacktem Fels. Zwar wachsen sie sehr langsam, sind aber extrem langlebig: Es soll sogar bis zu 4 000 Jahre alte Flechten geben!

Außer in den heißen Wüsten kommen Flechten überall auf der Erde vor, besonders aber in kalten Gegenden wie der Arktis.

Bei diesen Flechten (*Cladonia coccifera*) ragt ein Teil aufrecht über den Boden hinaus.

Schraubenalge
Die Schraubenalge (*Spirogyra*), eine schwimmende Grünalge, sieht aus wie ein 1 bis 2 cm langer Faden und besteht aus ähnlichen Zellreihen. Verbinden sich zwei Fäden wie oben in der Mikroskopaufnahme, verschmelzen die Zellen. Auf diese Weise pflanzt sich die Alge fort.

☐

Kieselalgen
Diese mikroskopisch kleinen Algen, wesentlicher Bestandteil des pflanzlichen Planktons, bestehen nur aus einer einzigen Zelle. Jede Zelle wird gebildet aus einem so genannten Kieselpanzer. Diese Mikroskopaufnahme von Kieselalgen zeigt deutlich, dass sie ganz verschiedene Formen haben.

13

Kurzwörterbuch
Hier werden die im Text fett gedruckten Fachwörter erklärt.

Absatzüberschrift
Jeder Absatz behandelt einen grundsätzlichen Aspekt des Themas.

Legende
Jedes Foto und jede Illustration werden von einer Bildunterschrift erläutert.

I n h

a l t

Die Pflanzen

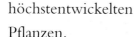

Das Pflanzenreich

Die Erde wird von Millionen Lebewesen bevölkert, die man verschiedenen Reichen zuordnet. Das Pflanzenreich umfasst 350 000 verschiedene Pflanzenarten. Ohne Pflanzen gäbe es kein tierisches Leben auf der Erde.

- ◐ **Bakterien:** So werden einzellige kernlose Mikroorganismen bezeichnet, die meist in Zersetzungsstoffen oder als Schmarotzer in Menschen, Tieren und Pflanzen leben.
- ◐ **Chlorophyll:** grünes, in den meisten Pflanzen enthaltenes Pigment, das sich nur unter Einwirkung von Licht bildet. Mit dessen Hilfe können Pflanzen Kohlendioxid aus der Luft aufnehmen und Sauerstoff ausscheiden.
- ◐ **Einzeller:** Diese Gruppe umfasst alle Lebewesen, die aus einer einzigen Zelle bestehen und einen erkennbaren Kern besitzen.
- ◐ **Eizelle:** weibliche Zelle, die der Fortpflanzung dient. Bei einer Pflanze befindet sie sich im Fruchtknoten unter dem Stempel. Nach der Befruchtung entsteht daraus ein Samenkorn.
- ◐ **Mikroorganismus:** ein mikroskopisch kleines Lebewesen der Tier- oder Pflanzenwelt.
- ◐ **Fotosynthese:** Dieser Prozess erlaubt es den Pflanzen, mit Hilfe von Chlorophyll ihre eigene Nahrung zu erzeugen, indem sie Kohlendioxid aus der Luft aufnehmen und Sauerstoff ausscheiden.
- ◐ **Samenzelle:** männliche Zelle; sie dient der Fortpflanzung von Tieren und bestimmten Pflanzen.
- ◐ **Zelle:** der kleinste Baustein eines Lebewesens.

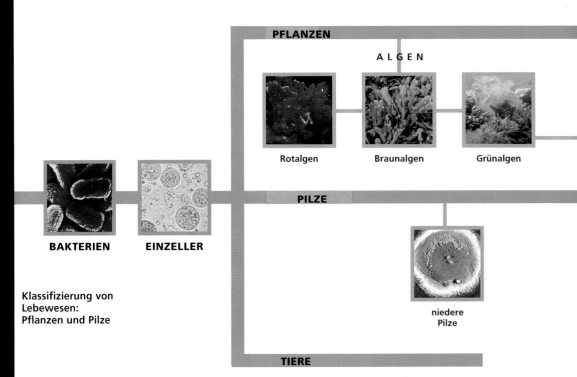

PFLANZEN

A L G E N

Rotalgen   Braunalgen   Grünalgen

PILZE

BAKTERIEN   EINZELLER

niedere Pilze

TIERE

Klassifizierung von Lebewesen: Pflanzen und Pilze

Die ersten Lebewesen traten vor 3,5 Milliarden Jahren im Wasser auf. Diese einfachen Wesen, aus einer einzigen **Zelle** bestehende **Bakterien**, haben sich seither gewandelt und vielfältige Formen angenommen. Gleichzeitig veränderte sich die Lufthülle der Erde. Denn bestimmte Bakterien besaßen **Chlorophyll**, mit dem sie eine sauerstoffhaltige Lufthülle bilden konnten, die die Entwicklung von anderen Lebewesen begünstigte.

Klassifizierung von Lebewesen

Lebewesen zeichnen sich durch drei Eigenschaften aus: Sie bestehen aus Zellen. Sie können sich fortpflanzen und sie betreiben Stoffwechsel zur Energiegewinnung. Neben den **Mikroorganismen** (Bakterien und **Einzeller**) werden drei Gruppen von Lebewesen oder Reichen unterschieden. Man definiert sie anhand ihrer Ernährungsweise.

Typisch für die Pflanzen (das Pflanzenreich) ist das in ihnen enthaltene Chlorophyll, das sie in die Lage versetzt das Sonnenlicht zu nutzen: Damit stellen sie mit aus dem Boden (Wasser und Mineralstoffe) und der Luft (Kohlendioxid) gewonnenen Stoffen ihre eigene Nahrung her. Tiere (das Tierreich) sind dagegen nicht in der Lage die Sonnenenergie zu nutzen. Sie müssen andere Lebewesen fressen, um zu leben und zu wachsen. Auch die Pilze besitzen kein Chlorophyll; daher brauchen sie wie die Tiere Nahrung aus ihrer Umwelt. Sie unterscheiden sich so sehr von anderen Lebewesen, dass man sie einem eigenen Reich zuordnet: dem der Pilze. Heute kennt man 100 000 Pilzarten, 350 000 Pflanzenarten und 1,2 Millionen Tierarten. Die verschiedenen Reiche werden in Art, Gattung, Familie, Ordnung und Klasse eingeteilt. Da die Namen der Pflanzen und Tiere sich in jedem Land

Riesenbraunalgen *(Macrocystis pyrifera)*

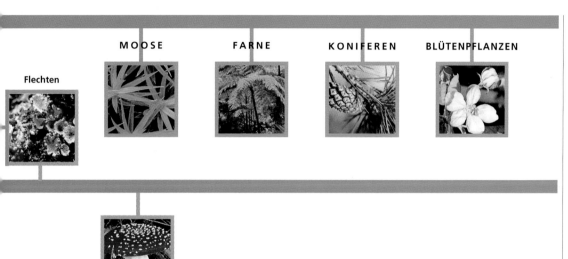

Flechten

MOOSE **FARNE** **KONIFEREN** **BLÜTENPFLANZEN**

höhere
Pilze

Die Fotosynthese

Die Wurzeln eines Baums entnehmen dem Boden Wasser und Mineralsalze; sie gelangen durch die Gefäße bis in die Blätter (Xylemsaft). Dank Chlorophyll, Sonnenlicht und Kohlendioxid aus der Luft wird dieser Xylemsaft in organische Stoffe (Phloemsaft) umgewandelt und über das Leitgewebe im ganzen Baum verteilt. Bei diesem als „Fotosynthese" bezeichneten Vorgang gibt der Baum Sauerstoff ab.

Sonnenlicht

Kohlendioxid

Sauerstoff

Phloemsaft

Wasser und Mineralsalze

Xylemsaft

unterscheiden, haben die Biologen ihnen einen internationalen lateinischen Namen gegeben. Er besteht aus zwei Teilen: der erste bezeichnet die Gattung (und beginnt immer mit einem Großbuchstaben), der zweite die Art. So gehört z. B. der Wolf, *Canis lupus*, zur Gattung *Canis* und zur Art *lupus*.

Das Leben der Pflanzen

Sowohl Tiere als auch Pflanzen wachsen, vermehren sich und sterben. Allerdings besitzen sie kein Nervensystem. Alle verfügen über Chlorophyll, wenn sie sich auch durch Größe und Form unterscheiden: Bestimmte Arten, so die Algen, bestehen aus einer einzigen Zelle; die meisten haben jedoch Wurzeln, Sprossachse und Blätter. Sie pflanzen sich durch die Verschmelzung männlicher **Samenzellen** und weiblicher **Eizellen** fort: Das nennt man geschlechtliche

Fortpflanzung. Die Zellen befinden sich in den Geschlechtsorganen. Bei den Algen, Moosen und Farnen sind sie klein und verborgen; bei den Nadelhölzern und Blütenblumen dagegen sind sie als Zapfen oder Blüten gut sichtbar. Erfolgt die Vermehrung bei Pflanzen durch neue Sprosse oder indem sie sich wiederholt teilen, spricht man von ungeschlechtlicher Fortpflanzung.

Dank Chlorophyll und Sonnenenergie sind die Pflanzen in der Lage organische Stoffe herzustellen, die sie für ihr Wachstum brauchen. Diese chemische Reaktion, die so genannte **Fotosynthese**, ist von großer Bedeutung, weil der Luft dabei Kohlendioxid entzogen wird, während die Pflanzen Sauerstoff ausscheiden. So haben sie im Lauf der Zeit die Lufthülle mit Sauerstoff angereichert und Bedingungen geschaffen, die die weitere Evolution der Lebewesen begünstigten. □

Die Pilze

- ◗ **Chlorophyll:** grünes, in den meisten Pflanzen enthaltenes Pigment, das sich nur unter Einwirkung von Licht bildet. Mit dessen Hilfe können Pflanzen Kohlendioxid aus der Luft aufnehmen und Sauerstoff ausscheiden.
- ◗ **Karpophor:** der sichtbare Teil des Pilzes; er besteht meist aus dem Stiel und dem Hut und wird als „Pilz" bezeichnet.
- ◗ **Mykorrhiza:** Symbiose eines niederen Pilzes mit den Wurzeln einer Pflanze, die beiden zum Vorteil gereicht.
- ◗ **Mykose:** Hautkrankheit, hervorgerufen durch mikroskopisch kleine Pilze.
- ◗ **Myzelium:** der verborgene Teil des Pilzes; es besteht aus einem Netz unterirdischer, im Allgemeinen weißer Fäden.
- ◗ **Pore:** sehr kleine Öffnung in der Pilzröhre.
- ◗ **Schmarotzer:** ein Lebewesen, das auf oder in einem anderen Lebewesen lebt und sich von diesem ernährt.
- ◗ **Spore:** eine sehr kleine Fortpflanzungseinheit; sie dient bestimmten Pflanzenarten wie Pilzen, Mosen und Farnen zur Vermehrung.

Pilze bilden eine eigene, von den Pflanzen getrennte Gruppe, denn im Gegensatz zu diesen besitzen sie kein **Chlorophyll**. Genau wie die Tiere ernähren sie sich von lebenden oder toten Organismen. Sie haben weder Wurzeln noch Äste, Blätter oder Blüten und ihre Fortpflanzung erfolgt auf eine sehr merkwürdige Weise.

Niedere und höhere Pilze

Es gibt zwei Klassen von Pilzen: die so genannten „höheren" Pilze wie die Pfifferlinge und die so genannten „niederen" Pilze; diese sind klein, oft sogar mikroskopisch klein wie Schimmel- und Hefepilze.

Der Feldchampignon (auch bekannt als „Zuchtchampignon") ist ein typischer höherer Pilz. Er besteht aus einem Stiel mit einem Hut darüber. Unter dem Hut sind rosa oder schwärzliche Lamellen speichen-

förmig angeordnet. Stiel und Hut bilden eine Einheit, das **Karpophor**, wie man den sichtbaren Teil eines Pilzes bezeichnet. Außerdem breitet der Pilz im Boden ein Netz von dünnen, zarten Fäden aus: das **Myzelium**. Das Myzelium übernimmt die Rolle von Wurzeln: Aus Boden und Pflanzenresten nimmt es Wasser und die Nahrung auf, die der Pilz für seine Entwicklung benötigt. Die niederen Pilze besitzen kein Karpophor, sondern bestehen ausschließlich aus einem Myzelium. Am bekanntesten sind die Schimmelpilze, die auf Nahrungsmitteln wachsen, und die Hefepilze, die man bei der Herstellung von Bier und Brot verwendet.

Die Fortpflanzung bei den Pilzen

Der Zuchtchampignon eignet sich als gutes Beispiel für die Erklärung der Fortpflanzung höherer Pilze. Sein Karpophor

Die höheren Pilze:
der Pfifferling (*Cantharellus cibarius*)

Ein Giftpilz: der Fliegenpilz *(Amanita muscaria)*

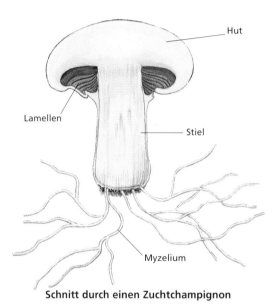

Schnitt durch einen Zuchtchampignon

(also Stiel und Hut) ist sozusagen die Frucht. Die Lamellen unter dem Hut erzeugen unzählige mikroskopisch kleine Zellen, die **Sporen**, eine Art winziger Körner. Diese Sporen lösen sich aus dem Hut, fallen auf den Boden, keimen und bilden ein neues Myzelium, das allmählich wächst.

Verbindet es sich mit einem anderen Myzelium, bildet es ein neues Karpophor, also einen neuen Pilz. Das Myzelium von Pilzen ist sehr langlebig und wächst manchmal, bis es einen ungewöhnlich großen Umfang erreicht.

Die niederen Pilze, die kein Karpophor bilden, tragen ihre Sporen direkt auf dem Myzelium.

Vielfältige Arten

Pilze weisen sehr unterschiedliche Formen auf. Einige wie zum Beispiel Röhrenpilz und Röhrling besitzen unter dem Hut keine Lamellen; die Oberfläche ähnelt eher einem Schwamm, der aus winzigen Röhren besteht.

Außen weisen diese Röhren kleine Öffnungen, die **Poren**, auf. In diesen Löchern bilden sich die Sporen für die Fortpflanzung. Die Morchel sieht etwas sonderbar aus: Der eigenartige Hut ist von Waben durchlöchert. Trüffeln wiederum ähneln kleinen runden, schwarzen Kartoffeln und wachsen versteckt im Boden.

Bestimmte Pilze wie Röhrling, Pfifferling und Herbsttrompete sind sehr schmackhaft, andere dagegen giftig wie der Fliegenpilz oder der Grüne Knollenblätterpilz, dessen Verzehr sogar lebensgefährlich ist.

Eine wichtige Rolle

Viele Pilze spielen in der Natur eine nützliche Rolle. Um zu wachsen, nehmen sie Nährstoffe aus abgestorbenen Blättern und Ästen auf, die sich auf dem Boden ansammeln. Auf diese Weise tragen sie zum Zersetzen und Zerfallen dieser Pflanzenteile bei, die ohne diese Tätigkeit der Pilze bald die Wälder unter sich begraben würden.

Andere Pilze (Röhrenpilz, Knollenblätterpilz und Täubling) leben als **Mykorrhizen** auf den Wurzeln von Waldbäumen (Kiefer, Eiche, Kastanie). Dadurch nehmen die Bäume die für ihr Wachstum benötigten Stoffe leichter auf, während andererseits die Pilze von den Bäumen Schutz und Nahrung erhalten.

Andere Pilze gelten dagegen als Schädlinge: Das sind die **Schmarotzer**, die ihre Nährstoffe von lebenden Pflanzen oder Tieren beziehen.

Dazu gehören der Braun- und der Schwarzrost, beides niedere Pilze, die ganze Weizen- oder Maisfelder vernichten können.

Andere niedere Pilze leben als Schmarotzer im Menschen und verursachen so genannte **Mykosen**. □

Teufelskreis
Das Netz unterirdischer Pilzfäden bildet gelegentlich mehrere Stiele aus. Diese wachsen manchmal in regelmäßigen Kreisen, den so genannten „Teufelskreisen". Dieser hier wird gebildet von Stielen des Weißvioletten Dickfußes *(Cortinarius alboviolaceus)*.

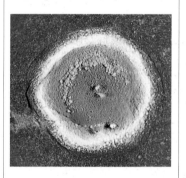

Pinselschimmel
Diese mikroskopisch kleinen Pilze der Gattung *Penicillium* wachsen auf feuchtem Nährboden, wo sie Schimmel bilden (hier auf einem Pfirsich). Einige Arten erzeugen ein Antibiotikum, das Penicillin, mit Hilfe anderer wird Käse hergestellt und wieder andere sind giftig.

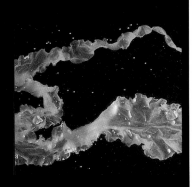

Die blütenlosen Pflanzen

❶ **Keimzelle:** männliche oder weibliche Fortpflanzungszelle; um ein neues Lebewesen zu erzeugen, verbindet sie sich mit der Keimzelle des anderen Geschlechts.

❶ **Kryptogam:** blütenlose Pflanze, deren Fortpflanzungsorgane oft verborgen oder kaum sichtbar sind.

❶ **Nacktsamer:** blütenlose Pflanze, deren Samenanlage offen an den Fruchtblättern sitzt.

❶ **Plankton:** Gesamtheit sehr kleiner Tiere und Pflanzen, die im Wasser schweben.

❶ **Rhizom:** unterirdischer, oft waagerechter Spross, der Wurzeln und Blätter oder beblätterte Äste in der Luft bildet.

❶ **Spore:** sehr kleine Fortpflanzungseinheit bestimmter Pflanzenarten wie Pilze, Moose und Farne.

❶ **Sporenkapsel:** bei den Farnen eine Art Sack voller Sporen.

❶ **Thallus:** Pflanzenkörper wie bei Algen oder Pilzen ohne Wurzeln, Äste oder Blätter.

Braunalge: der Ledertang
(Fucus vesiculosus)

Die blütenlosen Pflanzen wuchsen auf der Erde zuerst. Bei einigen wie den **Kryptogamen** (vom griechischen *kryptos,* „verborgen", und *gamos,* „Heirat") sind die Fortpflanzungsorgane kaum sichtbar und oft verborgen: Das ist bei Algen, Flechten, Moosen und Farnen der Fall. Andere wie die Gymnospermen (**Nacktsamer;** vom griechischen *gymnos,* „nackt", und *sperma,* „Samen") erzeugen Samen, die keine Hülle schützt: Das sind die Nadelhölzer.

Diese Rotalge (*Phyllophora*) lebt im Salzwasser in großer Tiefe.

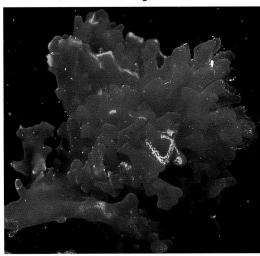

Grün-, Braun- und Rotalgen

Algen sind die ältesten Pflanzen überhaupt. Sie leben vornehmlich im Wasser und sind ganz einfach gebaut: Wurzel, Ast und Blatt verschmelzen zu einem einzigen sichtbaren Körper: dem **Thallus.** Algen existieren in allen Größen. Einige sind mikroskopisch klein wie die Kieselalgen, die im Meer schweben und Pflanzen-**Plankton** bilden. Andere sind gewaltig wie der Blatttang, eine Braunalgenart, die bis zu vier Meter misst, oder der Beerentang, der eine Größe von mehreren Dutzenden von Metern erreicht. Die Algen weisen auch verschiedene Formen auf: Einige bestehen aus einem einfachen Faden, andere sind sehr flach, wieder andere rund mit mehr oder weniger eingeschnittenen Rändern.

Man unterscheidet anhand der in ihnen enthaltenen Farbpigmente drei Algenkategorien: Grün-, Braun- und Rotalgen. Die Grünalgen besitzen nur ein grünes Pigment, das Chlorophyll. Braunalgen wie der Ledertang haben außerdem noch braune und gelbe Pigmente, die Rotalgen dagegen rote und blaue. Die Algen nutzen das Sonnenlicht mit Hilfe dieser Pigmente.

Zu ihrem Wachstum benötigen Algen Wasser und Licht. Braunalgen kommen nur im Salzwasser vor, Grün- und Rotalgen leben auch im Süßwasser. Einige Arten sind sogar außerhalb von Wasser anzutreffen wie die *Chlorococcus*-Algen; sie leben an feuchten Orten: an Baumrinden oder alten Mauern.

Die Fortpflanzung bei Algen

Die Fortpflanzung von Algen erfolgt auf unterschiedliche Weise und ist oft kompliziert. Eine Braunalge, der Ledertang, kann

Eine Riesenbraunalge *(Macrocystis pyrifera)*

als typisches Beispiel dafür dienen. Der Ledertang ist entweder männlich oder weiblich oder auch beides gleichzeitig. Zu bestimmten Zeiten treten an den Thallusrändern Schwellungen auf. Sie beherbergen die Fortpflanzungsorgane. Diese Fortpflanzungsorgane erzeugen Keimzellen, die ins Wasser freigesetzt werden. Die Befruchtung, also die Verschmelzung einer männlichen Keimzelle mit einer weiblichen, führt zu einer einzigen Zelle, dem Ei. Dieses wächst und eine neue Alge entsteht.

Flechten

Bestimmte mikroskopisch kleine Algen wachsen auf Pilzen. Das sind Pflanzen ganz besonderer Art: die Flechten. Dank ihres Chlorophylls erzeugt diese Alge Stoffe, von denen sich der Pilz ernährt. Der Pilz dient der Pflanze wiederum als Wasserreservoir und nährt sie mit Mineralsalzen. Flechten kommen ausschließlich auf dem Festland vor und sind am Boden, auf Baumstämmen oder auf Steinen zu finden.

Viele Arten pflanzen sich durch Teilung fort: Wenn sich zum Beispiel ein kleines Stück einer Flechte mit einem Algen- und einem Pilzfragment löst und etwas weiter entfernt auf einen Stein oder Baumstamm fällt, entsteht dort eine neue Flechte.

Flechten sind meistens grau, grün oder gelb und sie weisen verschiedene Formen auf. Einige wie die der Gattung *Cladonia* sehen aus wie kleine aufrechte Sträucher. Flechten sind sehr widerstandsfähig und behaupten sich auch auf nacktem Fels. Zwar wachsen sie sehr langsam, sind aber extrem langlebig: Es soll sogar bis zu 4 000 Jahre alte Flechten geben!

Außer in den heißen Wüsten kommen Flechten überall auf der Erde vor, besonders aber in kalten Gegenden wie der Arktis. ☐

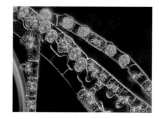

Schraubenalge

Die Schraubenalge *(Spiro-gyra)*, eine schwimmende Grünalge, sieht aus wie ein 1 bis 2 cm langer Faden und besteht aus ähnlichen Zellreihen. Verbinden sich zwei Fäden wie oben in der Mikroskopaufnahme, verschmelzen die Zellen. Auf diese Weise pflanzt sich die Alge fort.

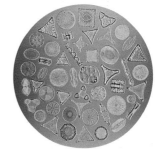

Kieselalgen

Diese mikroskopisch kleinen Algen, wesentlicher Bestandteil des pflanzlichen Planktons, bestehen nur aus einer einzigen Zelle. Jede Zelle wird gebildet aus einem so genannten Kieselpanzer. Diese Mikroskopaufnahme von Kieselalgen zeigt deutlich, dass sie ganz verschiedene Formen haben.

Bei diesen Flechten *(Cladonia coccifera)* ragt ein Teil aufrecht über den Boden hinaus.

Blätter eines Mooses *(Polytrichum)*

Moose und Farne

Die Kapseln des Drehmooses

Die Stiele des Drehmooses (Funaria hygrometrica), hier ungefähr in 20facher Vergrößerung, laufen aus in kleinen, sehr gut erkennbaren Säcken – Kapseln voller Sporen; sie sind grün und der Erde zugewandt. Im Reifestadium werden sie braun. Dann öffnen sie sich und die Sporen werden über den feuchten Boden zerstreut. Durch Keimen entstehen weitere Moose.

Genau wie die Algen besitzen Moose und Farne keine Blüten für ihre Fortpflanzung. Ihre Fortpflanzungsorgane sind diskret verborgen. Aus diesem Grund zählt man diese Pflanzen zuammen mit Algen und Flechten zu den **Kryptogamen**. Aber im Gegensatz zu den Algen haben Moose und Farne richtige beblätterte Stängel.

Die verschiedenen Moose

Moose sind kleinwüchsige Pflanzen, die langsam wachsen. Sie besitzen einen Stängel und Blätter, aber keine richtigen Wurzeln. Man unterscheidet drei Gruppen: die Bryopsida oder Laubmoose wie das Drehmoos, die Lebermoose,

die weder Stängel noch Blätter besitzen, und schließlich die Torfmoose, die im Sumpf wachsen.

Moose trifft man vor allem an feuchten Orten an, denn zum Wachsen und Fortpflanzen benötigen sie Wasser.

Die Fortpflanzung eines Mooses

Das Drehmoos, ein Laubmoos, wächst im Wald. Es besteht aus beblätterten Stängeln in einem lebhaften Grün, die einige Zentimeter groß sind. Seine Fortpflanzung ist typisch für Moose.

Im Frühjahr entwickeln sich oben an den Trieben kaum erkennbare männliche und weibliche Fortpflanzungsorgane. Diese Organe enthalten Keimzellen, die **Gameten**: zahlreiche männliche Samenfäden (Spermatozoen), aber nur eine einzige weibliche Eizelle. Auf ihrer Suche nach der unbeweglichen Eizelle schwimmen die Samenfäden in dem Morgentau, der das Moos wie ein hauchdünner Film bedeckt (deshalb wächst diese Pflanze nur an feuchten Orten). Auf diese Weise kommt es schließlich zur Befruchtung, aus der ein Ei entsteht. Dieses Ei erzeugt einen sehr feinen Stiel, der in einer Schwellung, der Kapsel, endet. In dieser Kapsel vermehren sich die Zellen, sodass zahlreiche **Sporen** entstehen.

Öffnet sich die Kapsel, fallen die Sporen auf den Boden, keimen und bringen weitere Moose hervor.

Die verschiedenen Farne

Farne sind sehr alte Pflanzen. Die ersten Vorfahren, *Rhynia* genannt, lebten vor 400 Millionen Jahren; im Paläozoikum gab es ganze Wälder aus Riesenfarnen. Heute

Ein Baumfarn *(Cyathea arborea)*

Sporenkapseln an der Blattunterseite des
Tüpfelfarns *(Polypodium vulgare)*

Die Fortpflanzung einer Farnpflanze

Unter den Blättern wachsen gelb-orange
Organe, die kleinen Säcken ähneln: Das sind
die **Sporenkapseln**. Sie enthalten eine
Vielzahl kleiner Körner, die Sporen. Werden
diese Sporen auf dem Boden zerstreut, keimen sie. Jede Spore erzeugt einen **Thallus**,
ein winziges grünes Blättchen, auf dem sich
männliche und weibliche Fortpflanzungsorgane befinden. Durch die Befruchtung
bzw. das Verschmelzen von Gameten entsteht
eine neue Farnpflanze. □

Ein Epiphytenfarn

**Bestimmte Farnarten
(oben *Platycerium*) wachsen
an Baumstämmen. Das sind
die so genannten Epiphyten.
Sie ernähren sich von den
Mineralstoffen, die sich
zwischen Baumstamm und
eigenen Wurzeln ansammeln.**

Ein Farnfossil

**Vor 200 Millionen Jahren
bedeckten die Erde warme,
feuchte Wälder, in denen
Riesenfarne wuchsen, die bis
zu 25 m groß wurden.
Das Zersetzungs-
produkt dieser
Farnwälder ist der
Ursprung bestimmter
Kohlevorkommen. Aus
diesem Grund hat man in so
genanntem „kohlehaltigem"
Gelände Fossilien von Farn-
pflanzen wie das unten
(Pecopteris) gefunden.**

kennt man über 10 000 Arten. Sie sind überwiegend in feuchten Gegenden anzutreffen:
im Wald (Adlerfarn und Tüpfelfarn), auf den
Feldern (Schachtelhalm), in den Bergen
(Bärlapp) und auch in Fels- oder Mauer-
spalten (Frauenhaarfarn).
Farne besitzen Wurzeln, Stängel und Blätter.
Zu Beginn ihres Wachstums sind die Blätter
bzw. Wedel ähnlich wie ein Bischofs-
krummstab eingerollt. Später entfalten sie
sich allmählich.
Der Stängel, der diese Blätter trägt, liegt
in der Erde und ist mit Wurzeln ausgestattet. Mikroskopisch kleine Röhren ver-
laufen durch Rhizom und Wurzeln und
durch diese Gefäße kreist der Saft in der
gesamten Pflanze. Die Farne haben als
erste Pflanzen einen solchen Kreislauf
besessen.
Die Größe eines Farns hängt vom Klima ab.
In tropischen Gegenden erreichen einige
Arten die Höhe von Bäumen: Das sind die
Baumfarne. In Regionen mit gemäßigtem
Klima sind die Farne dagegen meistens
sehr viel kleiner.

**Junges Farnblatt *(Polystichum
filix-mas)*, in Form eines
Bischofskrummstabs eingerollt**

15

Ein Fichtenwald *(Picea abies)* in Frankreich

Nadelhölzer und verwandte Pflanzen

Vom Frucht- zum Kiefernzapfen

Diese Strandkiefer *(Pinus pinaster)* **hat wie alle Nadelhölzer Fruchtzapfen. Die männlichen Zapfen liefern die Pollenkörner, die weiblichen beherbergen die Eizellen. Wird die Eizelle von Pollen befruchtet, wächst der weibliche Fruchtzapfen (oben, Bildmitte) und verwandelt sich allmählich in einen Kiefernzapfen.**

Die Nadelhölzer oder Koniferen (das heißt „Zapfenträger") verdanken ihren Namen der Tatsache, dass ihre Fortpflanzungsorgane zapfenförmig sind. Es gibt männliche und weibliche Fruchtzapfen. Die Samen in den weiblichen Zapfen werden von keiner Hülle geschützt. Aus diesem Grund bezeichnet man die Nadelhölzer als **Nacktsamer**. Meistens haben die Nadelhölzer, wie ihr Name besagt, Nadeln als Blätter, die sie größtenteils auch im Winter behalten. Es handelt sich daher im Allgemeinen um immergrüne Bäume. Kanäle unter ihrer Rinde scheiden Harz aus.

Nadelhölzer

Nadelhölzer vertragen Kälte gut. Man begegnet ihnen in den Bergen und in nördlichen Regionen, wo sie im Wesentlichen die Wälder bilden, aber auch in Küstenregionen mit einem milderen Klima.
Am bekanntesten unter den Nadelhölzern dürften Kiefer (Strandkiefer und Pinie) und Tanne sein (die Weißtanne wächst in großen Wäldern in den Bergen Europas). Zu den Nadelhölzern zählen aber auch andere Bäume wie Zypresse, Wacholder, Thuja, Fichte (die Gemeine Fichte wird als Weihnachtsbaum verkauft), Zeder (wie zum

Zypressen *(Cypressus)* und Pinien
(Pinus pinea) in Italien

Beispiel die Libanon-Zeder), Lärche (wie die Gemeine Lärche) oder Mammutbaum (wie der Kalifornische Mammutbaun). Die Eibe mit ihren roten Beeren und die Araukarie gehören ebenfalls zu den Nadelhölzern. Schon diese kurze Aufzählung zeigt, welche vielfältigen Formen diese Pflanzen haben. Die meisten Nadelhölzer, vor allem aber Kiefern, werden hauptsächlich in der Holzindustrie verarbeitet (für die Herstellung von Papier, im Hausbau und in der Schreinerei), denn diese Bäume wachsen sehr schnell. In dieser Gruppe finden wir die ältesten und größten Bäume der Welt. Es gibt tatsächlich über 4 000 Jahre alte Kiefern (der Art *Pinus aristata*). Mammutbäume in Nordamerika, die Riesen im Pflanzenreich, erreichen eine Höhe von bis zu 100 m und die Art heißt zu Recht „Riesen-Mammutbaum".

Die Fortpflanzung bei den Nadelhölzern

Bei den Nadelhölzern bilden die Fortpflanzungsorgane Fruchtzapfen aus. Das ist zum Beispiel bei der Föhre oder Waldkiefer der Fall: Diese Konifere besitzt ungefähr 1 cm lange männliche Zapfen (oder Kätzchen) und weibliche Fruchtzapfen. Bei der Reife setzen die männlichen Zapfen großzügig mikroskopisch kleine gelbe Körner

Die roten Beeren der Eibe *(Taxus baccata)*

Ein Kieferzapfen der Föhre *(Pinus sylvestris)*

frei: die Pollen. Die vom Wind getragenen Pollenkörner treffen auf einen weiblichen Zapfen, keimen und treiben einen Pollen-schlauch mit zwei männlichen **Keimzellen**. Durch die Befruchtung einer weiblichen Keimzelle entsteht ein Ei, aus dem allmäh-lich ein Samen wird.

Im Verlauf dieser Umwandlung wächst der weibliche Zapfen, bis er mehrere Zentimeter groß geworden ist, und wird zum Kiefern-zapfen.

Wenn die Schuppen des Kiefernzapfens sich öffnen, setzen sie Samen frei: Sobald diese auf den Boden fallen, keimen sie und ein neuer Baum wächst.

Gingko, Cycas und Welwitschia

Da über 48 000 Fossilarten gezählt wurden, weiß man, dass die Gruppe der Nacktsamer einst sehr artenreich war. Heute sind davon nur noch 600 bis 700 übrig geblieben. Außer den Nadelhölzern gibt es noch drei alte Gruppen von Nacktsamern. Die erste Gruppe umfasst eine einzigartige Art, den Gingko *(Gingko biloba)*. Dieser ursprünglich in China beheimatete Baum besitzt große fächerartige Blätter, die er im Winter abwirft. Die zweite Gruppe wird von den Cycas, auch Palmfarne genannt, gebildet. Diese Bäume wachsen in tropischen Regionen und erinnern an Palmen. Die dritte Gruppe ist schließlich die der Welwitschia *(Welwitschia mirabilis)*. Diese Pflanze wird bis zu hundert Jahre alt; obwohl sie nur 10 cm hoch wird, kann sie einen Durchmesser von über einem Meter erreichen. □

Gingko

Der *Gingko biloba* (oben), der in China als heiliger Baum gilt, besitzt ein sehr dekoratives grün-gelbliches Blattwerk, das sich im Herbst goldgelb färbt. Hier ist seine Frucht zu sehen, eine mirabellenähnliche Kugel; sie wächst im Sommer, dann fällt sie ab.

Cycas

Der Cycas *(Cycas revoluta)*, ein weiterer Vertreter der sehr alten Nacktsamer, stammt aus Japan und China. Er hat einen kurzen, geschwollenen Stamm. Fächerartige Blätter umgeben die Knospe, die den Fruchtzapfen erzeugt.

17

Die Blütenpflanzen

- **Bedecktsamer:** Blütenpflanze.
- **Dikotyledonen oder Zweikeimblättrige:** Blütenpflanzen, deren Samen zwei Keimblätter enthalten.
- **Epiphyt:** eine Pflanze, die, bei selbstständiger Ernährung, auf anderen Pflanzen wächst.
- **Fotosynthese:** Prozess, bei dem die Pflanzen ihre Nahrung erzeugen, indem sie Kohlendioxid aus der Luft aufnehmen und Sauerstoff abgeben.
- **Griffel:** Stiel über dem Fruchtknoten, auf dem sich oben die Narbe befindet.
- **Keimblatt:** erstes Blatt eines Embryos, enthalten im Samen einer Blütenpflanze.
- **Keimzelle:** männliche oder weibliche Fortpflanzungszelle; um ein neues Lebewesen zu bilden, vereint sie sich mit einer Keimzelle des anderen Geschlechts.
- **Monokotyledonen oder Einkeimblättrige:** Blütenpflanze, deren Samen nur ein Keimblatt enthält.
- **Narbe:** oberer Teil des Stempels, der einen Pollen aufnimmt.
- **Pollen:** die Gesamtheit kleiner, von den Staubgefäßen erzeugter Körner; sie dienen der Fortpflanzung.
- **Staubgefäß:** männliches Geschlechtsorgan der Blume; es erzeugt die Pollen.
- **Stempel:** weibliches Organ der Blume; es nimmt einen Pollen auf.

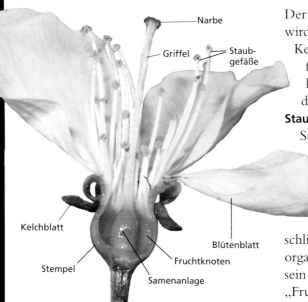

Kirschblüte *(Prunus cerasus)*, Querschnitt

(Beschriftungen: Narbe, Griffel, Staubgefäße, Kelchblatt, Stempel, Blütenblatt, Fruchtknoten, Samenanlage)

Blütenpflanzen gibt es auf der Erde seit der Zeit der Dinosaurier vor über 100 Millionen Jahren. Wie Farne und Nadelhölzer besitzen diese Pflanzen Wurzeln, Stiele und Blätter, aber wegen ihrer Blüten unterscheiden sie sich deutlich von diesen. Die Blüte ist nicht nur eine Zier, sondern bildet ein für die Fortpflanzung wesentliches Organ. Weil ihre Fortpflanzungsmethode so wirksam ist, haben die Blütenpflanzen allmählich die Vorherrschaft im Pflanzenreich errungen. Heute stellen sie mehr als zwei Drittel aller Pflanzenarten.

Die Rolle der Blüte

Die Blüte ist ein Fortpflanzungsorgan. Sie erzeugt die **Keimzellen**, das sind die männlichen und weiblichen Fortpflanzungszellen. Eine typische Blüte wie die der Kirsche (siehe oben) setzt sich aus vier im Kreis angeordneten Elementen zusammen: Kelch, Kronblätter, Staubgefäße und Stempel.

Der Kelch, unter den Blütenblättern gelegen, wird von fünf kleinen grünen Blättern, den Kelchblättern, gebildet. Diese umgeben fünf weiße Blütenblätter, die die Blumenkrone ergeben. Diese wiederum umgibt die männlichen Fortpflanzungsorgane: die **Staubgefäße**. Jedes Staubgefäß umfasst einen Staubfaden, an dessen Spitze sich eine Schwellung befindet, die mit Pollenkörnern gefüllt ist. Jedes Pollenkorn enthält zwei männliche Keimzellen. In der Blütenmitte befindet sich schließlich das weibliche Fortpflanzungsorgan, der **Stempel**. Dieser ist flaschenförmig, sein Boden, geschwollen und hohl, wird als „Fruchtknoten" bezeichnet. Der Fruchtknoten enthält die weibliche Keimzelle in der Samenanlage; eine kleine Röhre, der **Griffel**, bildet seine Verlängerung und endet in einer Schwellung, der **Narbe**. Weizenblüten sehen dagegen ganz anders aus: Sie sind grün und kaum sichtbar, besitzen weder Kelch- noch Blütenblätter, vielmehr haben sie nur Staubgefäße und einen Stempel, die beiden wesentlichen Elemente einer Blüte.

Von der Blüte zur Frucht

Damit männliche und weibliche Keimzellen zusammentreffen, wodurch die Fortpflanzung bei Pflanzen erst möglich wird, müssen in der Regel Pollen von einer Blüte auf den Stempel einer anderen gelangen. Diese Übertragung, „Bestäubung" genannt, wird meistens vom Wind und von den Insekten wahrgenommen. Beim Kirschbaum übernehmen die Bienen diese Rolle. Wenn sie im Frühjahr Nektar aus den Blüten sammeln, haften Pollenkörner an ihrem Körper, die sie auf diese Weise von einer Blüte zur anderen tragen. Fällt ein Pollenkorn auf die Narbe einer

Seerosen *(Nymphea)*

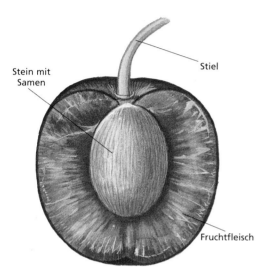

Stein mit Samen

Stiel

Fruchtfleisch

Schnitt durch eine Kirsche

Blüte, keimt er und treibt einen so genannten „Pollenschlauch" den Griffel hinab, bis er auf eine Samenanlage trifft. Die männlichen Keimzellen am äußeren Ende des Pollenschlauchs verschmelzen dann mit den weiblichen Keimzellen in der Samenanlage: Das ist die Befruchtung. Sie geht mit der Bildung zweier neuer Zellen zu Ende, die der Ursprung des Samens sind. Der Samen oder Kern im Stein der Kirsche entsteht also durch die Umwandlung der Samenanlage. Das

Äußere der Kirsche, das Fruchtfleisch, stammt von der Umwandlung des Stempels. Bei allen Blütenpflanzen sind die Samen in die Frucht eingebettet, die Samenanlagen liegen in einer Höhlung im Fruchtknoten. Daher werden sie als **Bedecktsamer** bezeichnet – im Gegensatz zu den Nacktsamern wie den Nadelhölzern.

Zwei große Gruppen

Botaniker klassifizieren die Blütenpflanzen in zwei Gruppen: Besitzen ihre Samen nur ein **Keimblatt** (Nahrungsvorrat des Samens), werden sie als **Monokotyledonen** oder **Einkeimblättrige** bezeichnet. Meistens sind das eher kleine Pflanzen wie Getreide und Kräuter oder Blumen wie Tulpen und Orchideen. Die übrigen Blütenpflanzen erzeugen Samen mit zwei Keimblättern: Das sind die **Dikotyledonen** oder **Zweikeimblättrigen**. Zu dieser Kategorie gehören Obstbäume wie zum Beispiel der Kirschbaum und Wald- und Feldbäume, aber auch zahlreiche Großsträucher.

Blatt einer Einkeimblättrigen

Bei Blütenpflanzen der Gruppe der Monokotyledonen wie hier der Schwertlilie *(Iris)* sind die Blätter gerade, oft beinahe senkrecht und sie haben parallele Rippen.

Blatt einer Zweikeimblättrigen

Bei Dikotyledonen wie der Kirsche *(Prunus cerasus)* unten sind die Blätter breiter und sie haben eine Hauptrippe und verzweigte Nebenrippen.

Auf der Suche nach Nektar nimmt diese Hummel *(Bombus)* Pollenkörner mit.

19

Korbblütler

Die Fortpflanzungsorgane der meisten Pflanzen, die Blüten, ziehen dank ihrer lebhaften Farben Insekten an. Die „Korbblütler" wie dieses ursprünglich aus der Kap-Provinz in Südafrika stammende Mittagsgold *(Gazania splendens)* bestehen eigentlich aus einer Vielzahl dicht beieinander stehender Blüten: die einen, bräunlich und röhrenförmig, in der Blütenmitte; andere, zungenförmig wie Blütenblätter und gelb-orange mit schwarzen und weißen Flecken, am Boden. Bei den Proteales oben, ebenfalls aus Südafrika, sind die Blüten so angeordnet, dass sie ein richtiges Feuerwerk der Farben bilden.

Ein Wildgras: der Schwingel (*Festuca*)

Süßgräser: Getreide und Kräuter

Bambus

Diese Riesengräser (oben *Phyllostachys aurea*) bilden in China und in feuchten Tropenregionen anderer Gegenden ganze Wälder. Einige Arten werden bis zu 40 m hoch.

Bananenstaude

Lange bevor eine Bananenstaude *(Musa)* wie ein Baum aussieht, der bis zu 10 m erreichen kann, ist sie ein Riesengras aus einer den Gräsern verwandten Familie: den Musaceae. Sie wird überragt von langen Blättern und gibt Früchte, die in Büscheln wachsen.

Eine der größten Familien innerhalb der Gruppe der **Monokotyledonen** oder **Einkeimblättrigen** ist die der Echten Gräser, zu der die meisten Getreide und Kräuter zählen. Getreide sind kultivierte Süßgräser, viele Kräuter dagegen wilde Süßgräser. Diese im Allgemeinen eher kleinen Pflanzen besitzen zarte Stängel und winzige Blüten. Getreide bilden das Grundnahrungsmittel des Menschen, Kräuter ernähren Tiere.

Eine Getreideart: der Weizen

Getreide wird fast überall auf der Welt angebaut; aber jeder Kontinent baut eine für ihn typische Getreideart an: Reis in Asien,

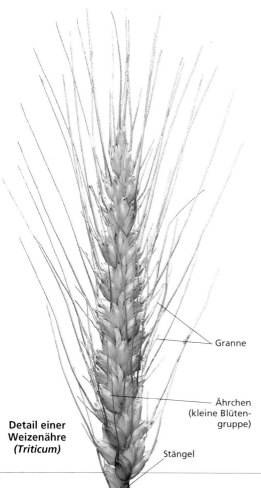

Detail einer Weizenähre (*Triticum*)

Granne

Ährchen (kleine Blütengruppe)

Stängel

Mais in Amerika und Hirse in Afrika. Die in Europa am weitesten verbreitete Getreideart ist der Weizen. Sein Stängel bzw. Halm ist zylinderförmig und hohl, nicht jedoch auf der Höhe der Schwellungen, den so genannten „Knoten". An diesen Knoten sitzen Blätter. Sie sind bandförmig und besitzen parallele Rippen. Halm und Blätter enthalten Kieselsäure; dadurch werden sie hart.

Winzige Blüten ohne Blütenblätter enthalten jeweils drei **Staubgefäße** und einen **Stempel**; sie bilden Ährchen, die wiederum in Ähren angeordnet sind. Die Ährchen umgeben erst grüne, dann gelbe Hüllen, die Hüll- bzw. die Deckspelze, ihrereits verlängert zu langen feinen, starren Fäden, den Grannen. Der sehr reichhaltige **Pollen** in den Staubgefäßen wird vom Wind von einer Blüte zur anderen getragen. Nachdem der Pollen auf dem Stempel gekeimt hat, verwandeln sich die Blüten in Weizen-„Körner". Diese Körner sind beim Weizen die Früchte.

Kräuter

Die nicht kultivierten Süßgräser, die so genannten „Kräuter", bilden im Wesentlichen die Vegetation von Wiesen und Weiden, Savannen und Steppen und ernähren Herden von Haustieren wie Schafe und Kühe oder Wildtiere wie Hirsche, Zebras und andere. Kräuter kommen in unterschiedlicher Größe vor. In Regionen mit einem gemäßigten Klima sind es kleine dichte Pflanzen wie Quecke oder Schwingel. In heißen Ländern werden bestimmte Arten wie Zuckerrohr oder Bambus riesengroß.

Andere Pflanzen ähneln zwar den Echten Kräutern, gehören aber nur verwandten Familien an. Das gilt zum Beispiel für die Binsen (Familie der Juncaceae) oder die Bananenstaude (Familie der Bananengewächse oder Musaceae). □

Tulpenfeld *(Tulipa)*

Lilienpflanzen und Orchideen

Diese Orchidee *(Phalaenopsis)* tropischen Urprungs ist inzwischen auf der ganzen Welt verbreitet.

Die Familie der Lilienpflanzen umfasst Zierpflanzen wie Tulpe, Maiglöckchen und Wilde Hyazinthe, aber auch der menschlichen Nahrung dienende Nutzpflanzen wie Knoblauch, Zwiebel und Spargel. Orchideen kennt und schätzt man vor allem ihrer Schönheit wegen. Genau wie die Süßgräser sind auch diese beiden Pflanzenfamilien **Monokotyledonen** oder **Einkeimblättrige**, allerdings sind ihre Blüten oft sehr viel prächtiger.

Eine Lilienpflanze: die Tulpe

Wie viele Lilienpflanzen entwickelt sich die Tulpe aus einer Zwiebel, bestehend aus dicken, schuppenartigen Blättern, die ineinander verschachtelt sind. Die in der Zwiebelmitte sitzende Knospe bringt längliche Blätter und einen Stängel hervor, der eine einzige große Blüte trägt. Blätter und Stängel sterben, wenn es Winter wird;

dagegen hält sich die Zwiebel unter der Erde mehrere Jahre und treibt jedes Frühjahr immer wieder neu aus: Daher wird die Tulpe den Dauerpflanzen zugezählt.
Die Tulpenblüte besteht aus drei Kelch- und drei Blütenblättern derselben Form und Farbe, aus sechs **Staubgefäßen**, die in zwei Reihen zu je drei Staubgefäßen angeordnet sind, und einem **Stempel**. Diese speichenartige Anordnung um eine Achse ist für Lilienpflanzen typisch. Die meisten Pflanzen dieser Familie sind so groß wie die Tulpe. Einige wie die Yucca (Palmlilie) bilden Sträucher. Dagegen besitzen einige Arten wie Maiglöckchen und Spargel keine Zwiebel, sondern einen unterirdischen Stängel bzw. ein Rhizom.

Orchideen

Mit ihren über 20 000 Arten bilden die Orchideen eine sehr umfangreiche Familie. Ihre aus drei Blütenblättern bestehenden

Epiphyten-Orchidee aus Tropenregionen (Oncidium)

Blüten sind symmetrisch, sodass jede der beiden Hälften mit der anderen identisch ist. Ihre Staubgefäße, zwei an der Zahl, sind keulenförmig und enthalten zusammengedrängte Pollenkörner, das Pollinarium. Das nach unten gerichtete mittlere Blütenblatt trägt einen besonderen Namen: die „Lippe". Lässt sich ein Insekt auf diesem Blütenblatt nieder, haftet das Pollinarium an seinem Körper. Das Insekt trägt es von einer Orchidee zur nächsten und ermöglicht damit die Befruchtung. In tropischen Gegenden sind viele Orchideen **Epiphyten**: Sie wachsen auf Bäumen. □

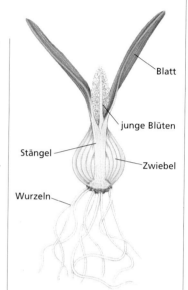

Blatt
junge Blüten
Stängel
Zwiebel
Wurzeln

Eine Hyazinthenzwiebel

In diesem Stadium hat die Knospe Blätter und oben am Stängel angeordnete junge Blüten ausgebildet.

Krokus oder Echter Safran

Der Krokus *(Crocus sativus)* gehört zu einer den Lilienpflanzen verwandten Familie, den Iridaceae.

Ein Waldbaum im gemäßigten europäischen Klima: die Buche (*Fagus sylvatica*)

Waldbäume

Die Stieleiche

Es gibt über 400 Eichenarten. Zu ihnen zählt auch die Stiel- eiche (*Quercus robur,* unten). Dieser sommergrüne Laub- baum erreicht eine Höhe von bis zu 30 oder 40 m. Er wächst langsam, kann aber über 400 Jahre alt werden. Seine Rinde wird zur Ledergerbung, sein sehr hartes Holz in der Tischlerei verwendet.

In der Pflanzenwelt gibt es mehrere Pflanzen- gruppen, deren Vertreter Form und Größe eines Baumes haben. Das gilt für bestimmte Farne und zahlreiche Nadelhölzer. Aber die größte Zahl ist in der Gruppe der Blüten- pflanzen zu finden. Die meisten besitzen große, flache Blätter, deshalb heißen sie auch „Laubblätter" im Gegensatz zu den Nadel- hölzern, deren Blätter nadelförmig sind. Die einen werfen ihre Blätter im Herbst ab; des- halb werden sie auch sommergrüne Blätter genannt; die anderen bewahren sie das ganze Jahr über, daher bezeichnet man sie als immergrüne Blätter. Alle bringen Blüten hervor, die nach der Bestäubung Früchte mit Samen produzieren. Wenngleich sie sehr ver- schiedenen Familien angehören, sind die Waldbäume größtenteils **Dikotyledonen** oder **Zweikeimblättrige**. Die einzige Ausnahme bilden die Palmen: Sie sind **Monokotyledonen** oder **Einkeimblättrige**.

Baum, Busch und Strauch

Ein Baum entsteht, wenn sich der Keim ent- wickelt, der im Samen ruht (Keimung). So ist eine Eiche das Produkt der Keimung einer Eichel, der Frucht, die von einer anderen Eiche heruntergefallen ist. Nach einigen Tagen spaltet sich die Hülle der Eichel und die Keimwurzel erscheint. Sie dringt in die Erde ein und verzweigt sich, um eine Wurzel zu bilden. Danach tritt der Stängel hervor und wendet sich dem Licht zu; es sprießen kleine Blätter, die wachsen und sich zur Sonne hin entfalten. Ein Baum besteht aus drei Hauptteilen: den Wurzeln, die ihn im Boden halten und Wasser und Mineralsalze auf- nehmen; dem Stamm, gebildet aus konzentrischen Schichten, die mit dem Alter erhärten und die eine Rinde schützt; und schließlich den Ästen mit Blättern und Blüten. Man unterscheidet den Baum von Busch und Strauch. Ein Baum besitzt nur einen einzigen Stamm und er wird bis zu über zehn Meter groß. Ein Busch ist ein kleiner Baum: Auch er hat einen einzigen Stamm, ist aber kleiner als zehn Meter. Ein Strauch schließ- lich wird nur einige Meter groß und besitzt mehrere kleine Stämme wie zum Beispiel Buchsbaum und Spindelstrauch.

Ahornbäume *(Acer)* mit rotem Herbstlaub und Birken *(Betula)* mit weißlichem Stamm

Bäume mit sommergrünen Blättern

In gemäßigten Zonen werfen viele Bäume wie Ahorn, Birke, mehrere Eichenarten, Buchen und Kastanien ihre Blätter im Herbst ab. Man sagt, sie haben sommergrüne Blätter. Eiche, Buche und Kastanie, die alle derselben Familie angehören *(Fagaceae)*, erzeugen auf demselben Baum sowohl männliche als auch weibliche Blüten. Diese Blüten, die keine Blütenblätter besitzen, bilden Kätzchen. Jede weibliche Blüte ist von einem Frucht-becher *(Cupula)* umgeben, und zwar ganz wie bei den Kastanien und Bucheckern oder nur teilweise wie bei der Eichel einer Eiche.

Bäume mit immergrünen Blättern

In den gemäßigten Regionen besitzen be-stimmte Bäume wie die Steineiche, die im Mittelmeerraum sehr häufig vorkommt, harte Blätter, die sie im Herbst nicht abwirft: Sie besitzt immergrüne Blätter.
In tropischen Regionen mit ihren milden Wintern werfen viele Bäume nie ihre Blätter ab. Das gilt zum Beispiel für die Magnolie aus dem Südwesten der Vereinigten Staaten;

den Avocado- und den Lorbeerbaum, zahlreich im Gebiet um den Amazonas und in Südostasien; den Eukalyptusbaum in Australien; den Guajavenbaum in Südamerika; den Mahagoni in Äqua-torialafrika oder den Ebenholzbaum in den Wäldern Afrikas, Asiens oder Amerikas.

Die Familie der Palmen

Die Palmen bilden eine eigene Familie. Diese Pflanzen sind Monokotyledonen oder Einkeimblättrige, das heißt, ihre Samen ent-halten nur ein einziges **Keimblatt**; die Samen anderer Bäume dagegen zwei. Außerdem verläuft ihr Wachstum etwas anders: Ihre Stämme wachsen nicht in die Breite, sondern nur in die Höhe. Außerdem besitzen sie im Allgemeinen keine Äste und sie tragen ihre Blätter, genauer Wedel, in einem Blätter-schopf oben auf ihrem Stamm.
Es gibt ungefähr 2 500 Palmenarten. Bestimmte Arten wie Dattel- und Kokos-palme liefern Nahrungmittel (Datteln und Kokosnüsse); andere werden in der Holz-industrie verarbeitet (Spanisches Rohr). ☐

Die Kastanie

Die Edelkastanie *(Castanea sativa)* besitzt gesägte Blätter und trägt essbare Früchte, die Kastanien. Sie sind von einem harten, mit langen dünnen Stacheln besetzten Frucht-becher umgeben, der sich bei Reifung in vier Teile öffnet. Die Früchte, auch „Maronen" genannt, sollte man nicht mit denen der Rosskastanie ver-wechseln, die auf dem gleich-namigen Baum wachsen und nicht essbar sind.

Blüte der Magnolie (*Magnolia grandiflora*)

Die Kokospalme (*Coco nucifera*), eine Palmenart

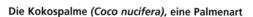

Die Eichel

Die Eiche *(Quercus)* hat läng-liche, zylindrische Eicheln. Sie ähneln kleinen Eiern und sind manchmal braun gestreift. Sie liegen in einem kleinen Fruchtbecher, der Cupula.

Himbeeren *(Rubus ideaeus)* bestehen aus mehreren kleineren Früchten.

Rosengewächse und Hülsenfrüchtler

Die Zitrusfrucht Apfelsine

Manche Pflanzen, die Früchte tragen, gehören weder zu den Rosengewächsen noch zu den

Hülsenfrüchtlern. Das gilt für den Apfelsinenbaum *(Citrus sinensis)*, der der Familie der Rautengewächse (oder Rutaceae) angehört. Seine Früchte, die Apfelsinen, sind Zitrusfrüchte. Auch Zitronen, Mandarinen und Pampelmusen zählen zu den Zitrusfrüchten. Im Allgemeinen besitzen sie eine feste Haut, eine unregelmäßige Oberfläche und sind reich an aromatischen Duftstoffen; sie schmecken leicht säuerlich. Innen ist die Frucht in Spalten geteilt, die die Samen oder Kerne enthalten. Zitrusfrüchte kommen in sehr unterschiedlicher natürlicher Umgebung vor: in den tropischen Regionen im Süden Asiens und Afrikas und in Australien, aber auch in Mittelmeerländern, insbesondere in Südeuropa.

Unter den vielen Familien der Blütenpflanzen zeichnen sich die der Rosengewächse und der Hülsenfrüchtler dadurch aus, dass sie zahlreiche Früchte bzw. Gemüse liefern, die wichtig für unsere Ernährung sind. Botaniker haben das, was man generell als „Frucht" oder „Gemüse" bezeichnet, auf eine besondere Art definiert. Für sie ist eine „Frucht" das von einer Blüte erzeugte Organ mit den Samen der Pflanze. Aus der Sicht der Botaniker sind deshalb Birnen, aber auch Tomaten, Paprikaschoten oder Auberginen Früchte. Was bei den Botanikern dagegen als „Gemüse" bezeichnet wird, bezieht sich auf ganz spezifische Früchte: die der Hülsenfrüchtler.

Die meisten von uns regelmäßig konsumierten Früchte wie Äpfel, Birnen und Erdbeeren gehören zur Familie der Rosengewächse, einer Gruppe, die ihren Namen der Rose verdankt. Die häufigsten Gemüse wie Bohnen, Erbsen und Linsen gehören dagegen zur Familie der Hülsenfrüchtler. Zu den Rosengewächsen und den Hülsenfrüchtlern werden auch Pflanzen gezählt, deren Früchte nicht essbar sind: Das ist der Fall beim Rosenstrauch. Andererseits findet man auch in anderen Gruppen der Blütenpflanzen den Rosengewächsen und Hülsenfrüchtlern nahe stehende Früchte und Gemüse: So gehören Tomaten und Kartoffeln zu den Nachtschattengewächsen, Zucchini zu den Kürbisgewächsen und Zitrusgewächse zu den Rautengewächsen.

Die Familie der Erdbeeren, Äpfel, Kirschen und Zwetschgen

Die Familie der Rosengewächse umfasst unterschiedlich aussehende Pflanzen verschiedener Größen. Dabei handelt es sich entweder um Kräuter wie zum Beispiel die Erdbeerpflanze, um Sträucher wie Himbeer- und Brombeerstrauch oder um Bäume wie Apfel- und Kirschbaum. Ihre Blüten besitzen fünf Kelch- und fünf Blütenblätter, zahlreiche **Staubgefäße** und einen **Stempel**. Dagegen weisen die Samen in den Früchten je nach Art ganz unterschiedliche Formen und Größen auf.

Die Gruppe der Zwetschgenbäume wie Pflaumen- und Kirschbaum haben Früchte mit recht dicken Samen wie den Stein bei Kirschen, Mirabellen, Reineclaude oder anderen Zwetschgen. Die Rosengewächse der Gruppe der Apfel- und Birnbäume haben Früchte mit kleineren Samen: Das sind die Kerne von Äpfeln und Birnen. Die Gruppe der stachligen Brombeersträucher haben noch

Die Rosengewächse verdanken ihren Namen der Rose.

Frucht des Riesenkürbis *(Cucurbita maxima)*

Eine Erbsenhülse *(Pisum sativum)* enthält mehrere runde Samen, die Erbsen.

kleinere Samen, jeder umgeben von einer kleinen Frucht. Diese kleinen Früchte sind zu einer größeren wie Erdbeere und Brombeere zusammengefasst. Zur Gruppe der Erdbeerpflanzen gehören sowohl eine Zuchtpflanze als auch wild wachsende Pflanzen wie Wiesenkönigin oder Spierstrauch. Die Erdbeere hat winzige Samen: kleine, über der Oberfläche verteilte Körner. Die Gruppe des Rosenstrauchs (Rosenstock und Wilder Rosenstrauch) umfasst Pflanzen, die kelchförmige Früchte tragen. Die Frucht des Rosenstrauchs, die Hagebutte, ist ungenießbar.

Die Familie der Erbsen, Bohnen, Linsen und Akazie

Die Hülsenfrüchtler bilden mit beinahe 20 000 Arten eine der wichtigsten Gruppen der Blütenpflanzen. Typisch ist eine Frucht in Form einer länglichen, flach gedrückten Hülse, die eine Reihe Samen enthält. Diese Hülsenfrüchte sind zum Teil essbar. Es werden drei Familien von Hülsenfrüchtlern unterschieden: Schmetterlingsblütler, Mimosengewächse und Caesalpiniengewächse. Die Schmetterlingsgewächse verdanken ihren Namen ihren Blüten, deren Krone an einen Schmetterling erinnert. Zu dieser Familie gehören unter anderem Erbse, Bohne, Linse, Soja und Erdnuss. Luzerne und Klee, aus derselben Familie, werden als Viehfutter angebaut. Die Mimosengewächse zeichnen sich durch kleine, in Köpfchen oder Pompons zuammengefasste Blüten aus. Auch sie haben Hülsenfrüchte, die allerdings nicht als Nahrung verwendet werden. Die in Afrika sehr verbreitete Akazie ebenso wie die Mimose der Blumenhändler gehören zu dieser Familie. Die Caesalpiniengewächse schließlich besitzen große bunte Blüten; auch sie haben Hülsenfrüchte, allerdings nicht essbare. Das ist der Fall beim Judasbaum, der im Frühjahr mit seinen rosa Blüten viele Parks ziert. □

Die abgeflachten Hülsenfrüchte der Akazie *(Acacia dealbata)* enthalten ovale Samen.

Der Zucchino

Der Zucchino *(Cucurbita pepo)* hat gleichnamige längliche Früchte. Diese Pflanze ist typisch für die Familie der Kürbisgewächse. Zur gleichen Gruppe gehören Melone und Kürbis. Der Zucchino (Mehrzahl: Zucchini) ist eine Unterart des Zierkürbis.

Die Kartoffel

Die Kartoffel *(Solanum tuberosum)* gehört zur Familie der Nachtschattengewächse. Gegessen werden weder Frucht noch Samen, sondern die Knollen, hier beim Keimen abgebildet.

Von einer Blüte bekrönter Kaktus (*Mammilaria fragilis*)

Kakteen und Sukkulenten

„Steinpflanzen"

Erdkakteen wie dieser (*Lithops aurantiaca*) werden wegen ihres Aussehens oft als „Steinpflanzen" bezeichnet. Sie wachsen inmitten von Steinen in der Wüste und sind, außer wenn sie blühen, praktisch unsichtbar.

Wolfsmilch

In trockenen Gegenden und Wüstenregionen wachsen Pflanzen, die man irrtümlich für Kakteen halten könnte. Das ist der Fall bei Wolfsmilcharten wie dieser (*Euphorbia cooperi*), die groß wie ein Baum werden kann. Ihre stachellosen Blätter dienen als Wasserspeicher.

Innerhalb der umfangreichen Gruppe der Blütenpflanzen stellen Kakteen und Sukkulenten recht eigenartige Gewächse dar, denn sie wachsen in trockenen Gegenden und Wüstenregionen. Sie besitzen die besondere Fähigkeit im Stamm oder in den Blättern Wasser zu speichern, das in diesen Regionen als heftige, aber seltene Regenschauer fällt. Zum besseren Schutz vor der Trockenheit sind die meisten auch noch mit Stacheln oder Haaren ausgestattet.

Die Familie der Kakteengewächse

Die ursprünglich in Amerika beheimateten Kakteen bilden die Familie der Kakteengewächse. Die größte Art, der Säulenkaktus, wird bis zu zwölf Meter hoch und kann bis zu 1 000 Liter Wasser speichern, das ihm als Vorrat dient. Bei den Kakteen sind die Blätter nur noch Stacheln, um den Wasserverlust durch Verdunstung zu verringern. Da Blätter fehlen, übernimmt der chlorophyllhaltige Stamm die **Fotosynthese**. Ihre Wurzeln dringen nicht tief in den Boden ein,

aber dafür breiten sie sich weit aus, damit sie das Wasser der sehr seltenen Regenschauer schnell aufnehmen können. Die Blüten besitzen Blütenblätter und sehr zahlreiche **Staubgefäße**; sie öffnen sich meist nur nachts. Eine einzige Art hat essbare Früchte: der Feigenkaktus, an dem die Kaktusfeige wächst.

Sukkulenten

Unter den Sukkulenten, die ebenfalls in trockenen Regionen der Erde wie z. B. in Südmarokko vorkommen, ähneln einige stark den Kakteen. Das sind die Wolfsmilcharten. Sie unterscheiden sich dadurch von den Kakteen, dass sie Latex enthalten, eine weiße Flüssigkeit, die bei der geringsten Verletzung aus dem Stamm austritt. Afrika ist sehr reich an Sukkulenten: Dort findet man Blattsukkulenten, deren dicke Blätter Wasser enthalten; Kriechpflanzen mit roten oder gelben Blüten (*Mesembryanthemum*) oder steinähnliche Pflanzen, die Erdkakteen. ☐

Stachliger, kissenförmiger Kaktus (*Echinocactus grusonii*)

Kompositen und andere Korbblütler

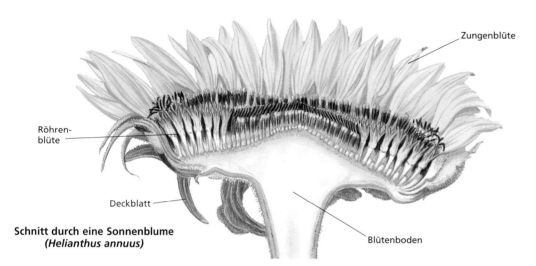

Zungenblüte

Röhren-
blüte

Deckblatt

Blütenboden

**Schnitt durch eine Sonnenblume
(Helianthus annuus)**

Die Löwenzahnblüte

Der Löwenzahn *(Taraxacum officinalis)* ist ein Korbblütler. Jedes „Blütenblatt" enthält eine Blüte, die nach der Befruchtung eine trockene, von Haarbüscheln bekrönte Frucht ergibt.

Der Fingerhut

Der Rote Fingerhut *(Digitalis purpurea)* verdankt seinen Namen der Form seiner Blüten: Sie ähneln den Fingern eines Handschuhs und sind traubenförmig angeordnet. Seine Blätter enthalten den Stoff Digitoxin, der als Arzneimittel verwendet wird.

Bestimmte Pflanzen besitzen nicht nur eine einzige Blüte, sondern tragen oben an ihrem Stiel viele kleine Blüten: Die typischsten Vertreter dafür sind die Doldenblütler. Die „kompositen Blüten" bestehen wiederum aus einer Vielzahl kleiner Blüten, die wie eine einzige aussehen.

Korbblütler: die Doldenblütler

Doldenblütler wie Bärenklau oder Arnika besitzen winzige Blüten, die in Gruppen von 50 oder mehr zu Dolden zuammengefasst sind. Ähnlich einem geöffneten Regenschirm enthält eine Dolde fünf bis sechs Strahlen: Wie Schirmstreben sitzen sie am äußeren Stielende. Jeder Strahl endet in einer kleinen Dolde oder Einzeldolde, die an noch kleineren Strahlen einige Blüten trägt. Doldenblütler sind im Allgemeinen eher kleine Pflanzen. Einige verwendet man zum Kochen wie Koriander, Anis, Fenchel und Petersilie. Andere wie der Schierling sind dagegen gifthaltig.

Die Kompositen

Die Sonnenblume ist ein typischer Vertreter der Kompositen, denn sie besteht aus einem ganzen Korb voller Blüten, getragen von einem oben schüsselähnlichen Stiel, dem Blütenboden. Er wird von kleinen Blättern umgeben, den so genannten Deckblättern. Die gelben Außenblüten sind zungenförmig, die Blüten innen klein und röhrenförmig: Nur diese so genannten Röhrenblüten geben Früchte und Körner.

Die Familie der Korbblütler umfasst drei Gruppen: Die Zungenblütigen wie Haferwurz, Chicorée, Lattich und Löwenzahn besitzen nur zungenförmige Blüten; die Röhrenblüter wie Distel, Kornblume und Artischocke haben nur röhrenförmige Blüten und die Strahlenblüter wie Sonnenblume, Margerite und Gänseblümchen weisen sowohl zungenförmige als auch röhrenförmige Blüten auf. □

**Distel mit Akanthusblättern
(Onopordum acanthium)**

Wirbellose

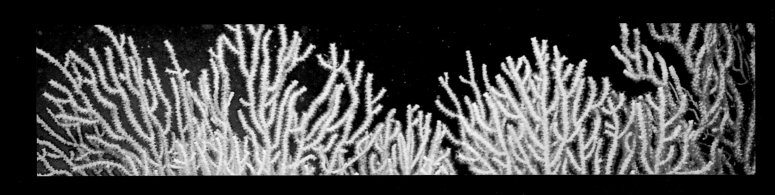

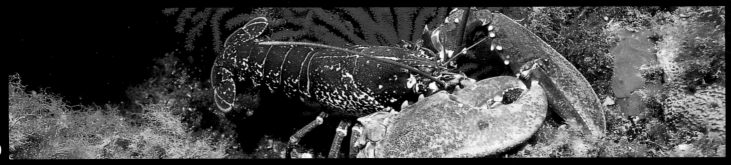

Tiere

Die Wirbellosen stellen den enorm großen Anteil von 95 % aller Arten im Tierreich. Sie umfassen sehr unterschiedliche Tiere: Schwämme, Quallen, Würmer, Weichtiere, Gliederfüßer und Stachelhäuter.

Das Tierreich: die

- ◑ **Bakterien:** So werden einzellige kernlose Mikroorganismen bezeichnet, die meist in Zersetzungsstoffen oder als Schmarotzer in Menschen, Tieren und Pflanzen leben.
- ◑ **Einzeller:** Gruppe aller lebenden Arten, die aus einer einzigen Zelle mit einem klar erkennbaren Kern bestehen.
- ◑ **Extremität:** gegliedertes, bewegliches Glied von Füßen und Mund bei Insekten und Krebstieren.
- ◑ **radiärsymmetrisch:** Ein Tier ist radiärsymmetrisch gebaut, wenn sein Körper aus mehreren identischen, um eine Achse in der Mitte herum angeordneten Organen besteht.
- ◑ **Stamm:** Hauptunterteilung im Pflanzen- bzw. Tierreich.
- ◑ **Wirbellose:** So werden Tiere ohne Wirbelsäule wie Würmer, Weich- und Krebstiere, Insekten, Seeigel usw. bezeichnet.
- ◑ **Wirbeltiere:** Dieser Ausdruck bezeichnet Tiere mit einer Wirbelsäule. Wirbeltiere bilden einen Zweig des Tierreiches mit den fünf Hauptklassen Fische, Amphibien, Reptilien, Vögel und Säugetiere.
- ◑ **Zelle:** die kleinste lebensfähige Einheit eines Lebewesens.

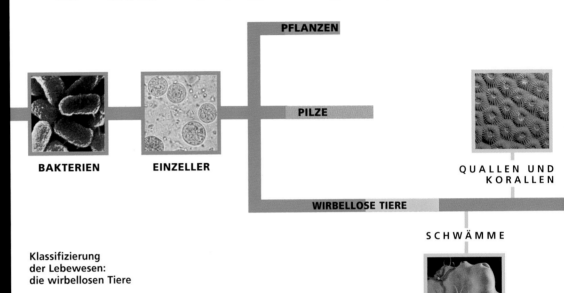

Klassifizierung der Lebewesen: die wirbellosen Tiere

Unter dem Begriff Tierreich fassen Wissenschaftler alle aus mehreren Zellen bestehenden Tiere zusammen, im Gegensatz zu den Lebewesen aus nur einer einzigen Zelle wie **Bakterien** und **Einzeller**. Das Tierreich selbst wird unterteilt in zwei große Gruppen: in die **Wirbellosen**, die keine Wirbelsäule besitzen, und die **Wirbeltiere**, die alle eine Wirbelsäule haben.

Eine vielfältige, sehr große Gruppe

Von den 1,2 Millionen bekannten Tierarten sind über 1 Million Wirbellose (weniger als 50 000 Arten sind Wirbeltiere). Während alle Wirbeltiere ein gemeinsames Merkmal, die Wirbelsäule, aufweisen, umfasst die riesige Gruppe der Wirbellosen sehr unterschiedliche Tiere wie Schwämme, Quallen, Würmer, Weichtiere oder auch Insekten. Sie werden zusammengefasst, weil sie alle keine Wirbelsäule besitzen. Auf Grund ihrer Vielfalt ist es schwierig, ein gemeinsames Kennzeichen zu finden. Man kann nur sagen,

dass sie in jedem Lebensraum anzutreffen sind: sowohl auf dem Festland als auch in Süß- oder Salzwasser.

Klassifizierung der Wirbellosen

Die Wirbellosen sind vor rund 700 Millionen Jahren entstanden und haben sich seither enorm entwickelt und differenziert. Heute kennt man ungefähr dreißig Gruppen oder **Stämme**. Die wichtigsten sind: Schwämme, Nesseltiere wie Quallen und Korallen, Würmer, Weichtiere, Gliederfüßer wie Spinnen, Tausendfüßer, Krebse und Insekten und Stachelhäuter wie Seesterne und Seeigel. Diese Tiere zeigen innerhalb ihrer Gruppe, von den einfachsten bis zu den am höchsten entwickelten, gemeinsame Merkmale, anhand derer man sie unterscheiden kann.

■ Die Schwämme sind die einfachsten Wirbellosen. Sie bestehen aus einer Ansammlung wenig differenzierter **Zellen**, in denen kaum eine Struktur zu erkennen ist.

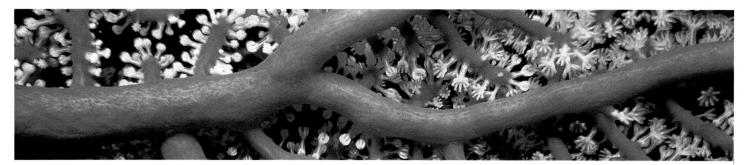

Rote Edelkoralle *(Corallium rubrum)*

Wirbellosen

Plattwürmer

Fadenwürmer

Ringelwürmer

W Ü R M E R

W E I C H T I E R E

S T A C H E L H Ä U T E R

WIRBELTIERE

G L I E D E R F Ü S S E R

Spinnentiere

Tausendfüßer

Krebse

Insekten

Die meisten leben im Meerwasser und sind unbeweglich.

■ Quallen und Korallen sind auch Wassertiere. Sie besitzen besondere Giftzellen; damit können sie ihre Beute lähmen. Ihr Körper ist **radiärsymmetrisch** gebaut, das heißt, er besteht aus einer bestimmten Anzahl identischer Bausteine (im Allgemeinen fünf), die wie die Speichen eines Rades um eine Achse angeordnet sind.

■ Die Struktur der Würmer ist etwas komplizierter. Typisch ist ein weicher, eher länglicher Körper, bei dem zwischen vorn (Kopf) und hinten unterschieden werden kann. Diese Gruppe wird heute in mehrere Stämme mit den drei wichtigsten Unterteilungen Plattwürmer, Fadenwürmer und Ringelwürmer aufgeteilt.

■ Die Gruppe der Weichtiere wie Schnecken, Austern oder Tintenfisch verdankt ihren Namen ihrem weichen Körper, den nahezu immer eine kalkhaltige Schale schützt.

■ Die Gliederfüßer stellen die wichtigste Gruppe aller Tiere dar. Ihr Körper wird von einer Folge von Ringen oder Segmenten gebildet. Jedes Segment ist von einem starren Panzer umgeben. An diesen Panzer setzen gegliederte **Extremitäten** an, die sowohl die Füße als auch die zur Nahrungsaufnahme nötigen Organe bilden. Daher rührt auch ihr Name, Gliederfüßer, her. Die Gliederfüßer werden in vier Hauptgruppen unterteilt: in Spinnentiere wie Spinnen, Skorpione und Milben; in Tausendfüßer; in Krebse und Insekten; die Letztgenannten sind die zahlreichsten überhaupt: Es gibt davon mehr als 750 000 Arten.

■ Seeigel und Seesterne, unter dem Namen Stachelhäuter zuammengefasst, sind Wassertiere. Genau wie Quallen und Korallen sind sie radiärsymmetrisch gebaut: Ihr Körper besteht aus fünf identischen Teilen, die um eine Achse angeordnet sind. Sie sind die am weitesten entwickelten Wirbellosen. □

Die ersten Tiere

Die ersten Vertreter der Tierwelt sind vor rund 700 Millionen Jahren entstanden; davon zeugen die Fossilien, die man in Ediacara (Südaustralien) in den Ablagerungen eines alten Meeres gefunden hat. Dieser im Durchmesser 6,5 cm große Abdruck stammt von einem den flachen Wasserwürmern *(Dickinsonia costata)* verwandten Tier, dessen Vorfahr es vielleicht war.

Schwämme, Quallen und Korallen sind die ältesten Tiere überhaupt: Sie sind vor etwa 700 Millionen Jahren entstanden. Ihre sehr einfache Anatomie unterscheidet sich von der aller anderen Wirbellosen.

Schwämme, Quallen

❶ **Fangarm oder Tentakel:** gelenkiger, beweglicher, manchmal mit Saugorganen versehener Fortsatz; damit fangen bestimmte Tiere ihre Beute oder bewegen sich fort.

❶ **Larve:** Form, die bestimmte Tiere im Laufe ihrer Entwicklung annehmen, bevor sie voll entwickelt sind; eine besondere Form stellen die bewimperten Larven von Quallen und Korallen dar.

❶ **Nadel:** eine Kalk- oder Kieselnadel; sie bildet einen Baustein des Skeletts von Schwämmen.

❶ **Osculum:** Ausgangsöffnung für Wasser bei den Schwämmen.

❶ **Polyp:** meerbewohnendes Tier der Gruppe der Nesseltiere; es sitzt fest auf einem Untergrund wie Korallen und Hydra.

Trotz ihrer bizarren Formen sind Schwämme Tiere: Sie bestehen aus einer Ansammlung von untereinander wenig differenzierten Zellen und werden gebildet aus einem oder mehreren Säcken mit kleinen Löchern, den Poren.

Die Nesseltiere, zu denen Quallen und Korallen sowie Hydren und Seeanemonen gehören, sind ebenfalls sackförmig wie die Schwämme. Die einzige Öffnung, die sie besitzen, dient ihnen als Mund und gleichzeitig als After. Sie ist rundum mit **Fangarmen** (oder Tentakeln) versehen, deren Zellen mit einer giftigen Flüssigkeit gefüllt sind. Diese Flüssigkeit enthält einen Faden, eine Art winzige Harpune, die diese Urtiere abschießen, um ihre Beute zu lähmen und so einzufangen. Nesseltiere leben auf zwei verschiedene Arten: Quallen bewegen sich durch Schwimmen fort. Korallen, Hydren und Seeanemonen sitzen dagegen fest auf einem Untergrund wie z. B. einem Fels; sie werden als **Polyp** bezeichnet.

Schwämme

Schwämme sind sehr eigenartige Tiere, denn sie können sich weder bewegen noch auf eine Berührung reagieren. Sie bewohnen alle Meere, warme wie kalte, und sitzen fest auf dem Boden oder einem Fels. Ein steter Wasserstrom dringt durch die Poren des Schwammes ein, kreist im Inneren und tritt durch eine große Öffnung, das **Osculum**, wieder aus. Dieses Wasser versorgt den Schwamm mit Tier- oder Pflanzenresten, von denen er sich ernährt, sowie mit dem für seine Atmung benötigten Sauerstoff. Die Schwämme besitzen ein Skelett. Es besteht aus verschiedenen unabhängigen Elementen in unterschiedlichen Formen, den Nadeln, sowie einem rudimentären Nervensystem und Fortpflanzungszellen. Ein Schwamm pflanzt sich entweder durch Teilung fort oder indem er durch Befruchtung Eier bildet. Aus dem Ei wird eine **Larve**, die schwimmen kann. Sie wird von der Strömung aus der Höhle in der Schwammmitte getragen und setzt sich in geringer Entfernung am Meeresboden fest, wo sie zu einem neuen Schwamm wird.

Schwämme werden nach der Beschaffenheit ihres Skeletts unterschieden: Es gibt Schwämme mit einem Kalkskelett, andere mit einem

Ein zylinderförmiger Schwamm
(Verognia lacunosa)

Eine Steinkoralle *(Hexacorallia madreporaria)*

und Korallen

Die giftige Kompassqualle *(Chrysaora hysoscella)*

Äste der Roten Edelkoralle *(Corallium rubrum)*

Kieselskelett. Wieder andere bestehen aus einem weniger starren Stoff: Der Badeschwamm, den man kaufen kann, ist z. B. ein Schwammskelett dieser Art.

Quallen

Quallen bestehen aus einer gallertartigen, oft durchsichtigen Masse. Sie kommen in unterschiedlichsten Formen und Größen vor und sehen wie ein Schirm mit Tentakeln am Rand aus. Quallen bewegen sich fort, indem sie ihren Körper zusammenziehen, aber oft lassen sie sich von der Strömung treiben. Die meisten bewohnen eher seichtes Wasser, wo sie ihre Nahrung finden: kleine Krebse und Fischlarven. Das Gift bestimmter Arten verursacht zum Teil große Schmerzen, manchmal wirkt es sogar tödlich. Es gibt männliche und weibliche Quallen. Die von den weiblichen Quallen produzierten Eier werden von den Samenzellen im Wasser befruchtet. Das aus dieser Befruchtung hervorgegangene Ei entwickelt sich zu einer bewimperten Larve. Diese schwebt im Wasser, setzt sich dann am Boden fest und verwandelt sich in einen Polypen. Der Polyp wächst, und wenn er sich teilt, entstehen mehrere Quallen.

Korallen

Korallen bestehen größtenteils aus einem Kalkskelett, das den lebenden Teil des Tieres, den Polypen, schützt. Wegen ihrer Form und Unbeweglichkeit galten sie lange als Pflanzen. Die meisten Korallen leben in Kolonien. Einige wie die Löcherkoralle bauen Riffe. Im Laufe der Zeit bilden ihre angesammelten Skelette „Korallenriffe". Die Korallen in den Riffen leben in enger Beziehung mit mikroskopisch kleinen Algen. Man findet sie hauptsächlich in warmen und klaren Gewässern, vor allem im Pazifik und im Indischen Ozean in einer Tiefe von selten mehr als 50 m. Andere Arten wie die in einem breiten Fächer lebhafter Farben vorkommenden Hornkorallen werden aus einem hornähnlichen Stoff gebildet, der weniger hart als Kalk ist. Das gilt auch für die Edelkorallen. Bei den Korallen gibt es verschiedene Fortpflanzungsarten. Manche geben Knospen ab, die sich lösen und neue Polypen bilden. Andere pflanzen sich durch die Befruchtung eines Eis fort. □

Süßwasserhydra

Diese Hydra *(Hydra viridis)* aus der Gruppe der Nesseltiere bewohnt Süßwasser. Sie kann sich mit ihrem Fuß an einer Wasserpflanze festsetzen.

Seeanemone

Diese Seeanemone *(Urticina lofotensis)* aus der Gruppe der Nesseltiere haftet mit ihrem Fuß an Felsen. Mit Hilfe ihrer Tentakel kann sie Fische töten und sie dann schlagartig verschlingen.

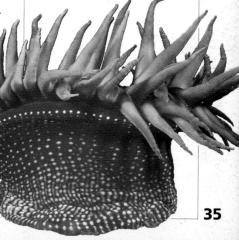

Die

◗ **Borste:** haarähnliches
  Gebilde, das in kleinerer
  oder größerer Zahl den
  Körper von Ringelwürmern
  bedeckt (auch die großen
  harten Haare beim Schwein
  und beim Wildschwein
  werden als „Borsten"
  bezeichnet).

◗ **Carnivor:** Lebewesen, das
  sich hauptsächlich
  von Fleisch ernährt.

◗ **Eingeweide:** Organe in den
  großen Körperhöhlen wie
  Darm, Magen, Herz usw.

◗ **Kiemen:** Atmungsorgane
  von Fischen und anderen
  Wassertieren.

◗ **Larve:** Form, die bestimmte
  Tiere im Laufe ihrer Entwicklung annehmen, bevor
  sie voll entwickelt sind.

◗ **Schmarotzer:** tierisches
  oder pflanzliches Lebe-
  wesen, das auf oder in
  einem als „Wirt" be-
  zeichneten anderen
  Lebewesen wohnt, von
  dem es sich ernährt.

◗ **Segment:** Körperabschnitt
  bei Ringelwürmern und
  Gliederfüßern.

◗ **Zwitter:** Bezeichnung für
  ein Lebewesen, das die
  Fortpflanzungsorgane
  beider Geschlechter
  besitzt.

Die ersten Würmer sind ungefähr zur gleichen Zeit wie Schwämme und Quallen entstanden. Typisch für diese Tiere ist ein weicher, länglicher Körper, wenngleich sie mehrere recht unterschiedliche Gruppen umfassen.

Würmer

Das Wort Wurm bezeichnet eine große Anzahl von Tieren, deren einziges gemeinsames Merkmal ist, dass sie einen weichen, skelettlosen, länglichen Körper besitzen. Die drei wichtigsten Gruppen der Würmer sind die Plattwürmer (Plathelminthen), die Fadenwürmer (Nematoden) und die Ringelwürmer (Anneliden). Bei den Plattwürmern hat sich keine Körperinnenhöhle für die Eingeweide herausgebildet; bei den Fadenwürmern gibt es einen Ansatz dafür und erst bei den Ringelwürmern ist eine echte Höhle vorhanden. Außen zeigen sie einen aus **Segmenten** bestehenden Körper. Die Würmer sind entwicklungsgeschichtlich die ersten Tiere, bei denen man einen vorderen Bereich (den Kopf) und einen hinteren unterscheidet.

Plattwürmer

Die Plattwürmer (oder Plathelminthen) haben einen wie ein Blatt oder Band platt gedrückten Körper. Ihre Größe reicht von einem Bruchteil eines Millimeters bis zu mehreren Metern. Die wichtigsten Plattwürmer sind die Strudel- und die Bandwürmer sowie die Leberegel. Die oft farblosen Strudelwürmer leben im Meer, im Süßwasser oder an feuchten Orten. Einige werden 10 cm lang. Sie sind **Carnivoren**, die sich von kleiner Beute wie Fischlarven, Insekten usw. ernähren.

Die Bandwürmer sind gelbe schmarotzende Würmer. Sie leben im Körper eines Tieres oder des Menschen und sind oft schädlich. Ein Bandwurm besteht aus einem „Kopf", manchmal versehen mit Saugorganen oder mit Haken, mit denen er sich im Verdauungsapparat seines „Wirtes" festhakt, sowie einer Reihe voneinander unabhängiger Ringe bzw. Glieder (bis zu 4 000), die sich lösen können. Jedes Glied besitzt ein männliches und ein weibliches Geschlechtsorgan. Das macht Bandwürmer zu Zwittern. Das gilt auch für den Rinderbandwurm, der

Ein eigenartiger Seebewohner: der Schlickröhrenwurm (*Sabellastarte sanctujosephae*)

Ein Plattwurm *(Pseudoceros)*, der im Wasser lebt.

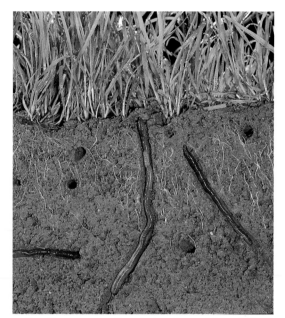

Der Regenwurm *(Lumbricus terrestris)* gräbt unterirdische Gänge, indem er die Erde aufnimmt.

sich im Darm eines Menschen einnisten und Beschwerden verursachen kann. Seine Glieder lösen sich in kleinen Gruppen und werden mit dem Kot ausgeschieden. Die in diesen Gliedern enthaltenen Eier überleben längere Zeit außerhalb eines Körpers. Werden sie von einem Tier wie zum Beispiel dem Schwein aufgenommen, verwandeln sie sich in **Larven**, die sich in seinen Muskeln festsetzen. Wird dieses Fleisch nur ungenügend erhitzt, führt sein Genuss dazu, dass der Wurm auf einen anderen Menschen übertragen wird.

Nematoden

Die Nematoden (oder Fadenwürmer) sind zylindrisch. Einige sind winzig (von 0,1 bis mehrere Millimeter); sie leben im Meer, im Süßwasser oder auf dem Boden; dort werden sie zum Teil sehr zahlreich (bis zu 700 000 je m²). Viele Nematoden sind Pflanzenschmarotzer wie die Älchen, die ganze

Weizen- oder Rübenfelder zerstören. Andere leben als Schmarotzer in Tieren und im Menschen. Spulwürmer und Madenwürmer, die sich im Darm einnisten, sind nicht besonders schädlich, aber Fadenwürmer und Hakenwürmer, vor allem in Tropenregionen verbreitet, lösen zum Teil schwere Krankheiten aus.

Ringelwürmer

Typisch für Ringelwürmer (oder Anneliden) ist ein zylindrischer Körper, der aus ähnlichen, miteinander verbundenen Ringen oder Segmenten besteht. Verdauungsröhre und Nervensystem laufen von einem Ende des Körpers durch alle Segmente zum anderen Körperende. Jedes Segment trägt Haken, die so genannten **Borsten**; mit ihnen kann sich das Tier auf dem Boden fortbewegen oder im Wasser schwimmen.

Man unterscheidet drei Gruppen Ringelwürmer, benannt nach der Zahl der Borsten auf jedem Segment: die Vielborster, die Wenigborster und die Egel.

Die Vielborster haben viele Borsten. Fast alle bewohnen das Meer; einige schwimmen aktiv wie der Seeringelwurm; andere bewegen sich nur wenig wie der Köderwurm, der ein Schlammbewohner ist. Wieder andere wie der Schlickröhrenwurm, ebenfalls ein Meeresbewohner, bohren eine senkrechte Röhre in den Sand, aus der **Kiemen** herausschauen und einen blumenähnlichen Federbusch bilden. Die Wenigborster haben nur ein Paar oder zwei Paare Borsten je Segment.

Das ist der Fall beim Regenwurm, der unterirdische Gänge bewohnt, weil er das Licht scheut. Die Egel besitzen keinerlei Borsten. Sie sind meist Schmarotzer, die sich mit einer Haftscheibe an anderen Tieren festsetzen und Blut saugen. □

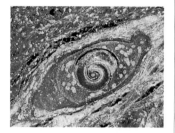

Trichinen

Dieser 1,5 bis 3,5 mm lange Ringelwurm *(Trichinella spiralis)* lebt als Schmarotzer in Säugetieren. Das Weibchen legt Larven ab, die sich in den Muskeln festsetzen; dort bilden sie Zysten (wie oben). Isst ein Mensch Fleisch, in dem sich dieser Wurm befindet, wird er angesteckt.

Der Kopf des Bandwurms

Dieser Kopf eines Bandwurms *(Taenia saginata)*, durch das Elektronenmikroskop betrachtet, ist 150fach vergrößert. Seine Saugorgane ähneln Augen.

Die ersten Weichtiere sind vor 500 Millionen Jahren entstanden. Sie haben einen weichen, skelettlosen Körper ohne Extremitäten wie die Würmer, häufig geschützt von einer mehr oder weniger sichtbaren Schale.

Die Weichtiere

- ◐ **Byssus:** Haftfäden, mit denen bestimmte Weichtiere wie Muscheln sich an Felsen festsetzen.
- ◐ **Eingeweidesack:** der weiche Teil des Körpers bei den Muscheln, der die Gesamtheit der wichtigsten Organe (oder Eingeweide) wie Verdauungsapparat und Geschlechtsorgane enthält.
- ◐ **Fangarm oder Tentakel:** gegliederter, beweglicher, manchmal mit Saugorganen versehener Fortsatz; damit fangen bestimmte Tiere ihre Beute oder bewegen sich fort.
- ◐ **Kiemen:** Atmungsorgane von Fischen und anderen Wassertieren.
- ◐ **Mantel:** Hautfalte bei den Weichtieren, die den Eingeweidesack bedeckt; ihre Außenseite ist oft als Schale ausgebildet.
- ◐ **Schalenklappe:** jede der beiden Hälften der Schale bei bestimmten Weichtieren wie Austern, Muscheln usw.

Wie schon der Name besagt, haben Weichtiere einen weichen Körper, oft geschützt durch eine Kalkschale. Ihr Körper besteht aus drei Teilen: Kopf, Eingeweidesack mit den verschiedenen Organen wie Magen, Darm, Herz usw. und Fuß, der zur Fortbewegung dient. Diesen Körper umgibt ein elastischer Mantel, der die Schale erzeugt. Zwischen Körper und Mantel befindet sich ein Raum: die Kiemenhöhle mit den Kiemen. Weichtiere werden je nach Art der Schale drei Gruppen zugeordnet: den Bauchfüßern wie z. B. Schnecken, Strandschnecken, Napfschnecken; den Muscheln wie z. B. Austern und Jakobsmuscheln; und den Kopffüßern wie z. B. Kraken, Kalmar, Tintenfische.

Die meisten Weichtiere sind Wasserbewohner und haben Kiemenatmung; die Landbewohner wie Schnecken und Nacktschnecken besitzen Lungen. Alle legen Eier, aus denen Larven schlüpfen. Viele haben sowohl männliche als auch weibliche Geschlechtsorgane. Die einen ernähren sich von Pflanzen, andere von Kleintieren.

Bauchfüßer

Es gibt mindestens 100 000 Arten von Bauchfüßern. Sie bewohnen zum Teil das Festland wie Schnecken und Nacktschnecken, zum Teil aber das Meer wie Napfschnecken, Strandschnecken, Stachelschnecken usw. Zu erkennen sind sie im Allgemeinen an ihrer Schale, die aus einem Stück besteht und oft spiralig geringelt ist. Nacktschnecken besitzen nur noch ein Schalenrudiment unter der Haut oder gar keine Schale mehr wie die Rote Wegschnecke. Bauchfüßer bewegen sich dank ihres starken Muskels kriechend. Der gesamte Eingeweidesack ruht über dem Fuß – daher ihr Name Gastropoden (=Bauchfüßer; vom griechischen *gaster*, „Magen", und *podos*, „Fuß"). Schnecken und Nacktschnecken fressen Blätter, viele der Meerbauchfüßer ernähren sich dagegen von tierischem oder pflanzlichem Plankton.

Muscheln

Muscheln und Austern leben im Wasser. Ihre Schale besteht aus zwei **Schalenklappen**. Diese beiden Klappen, von einem Scharnier

Aus der Gruppe der Lamellibranchiaten: die Jakobsmuschel *(Pecten maximus)*

Schnirkelschnecken (*Cepaea nemoralis*)

Kopffüßer

Kalmare, Kraken und Tintenfische sind Kopf-füßer, die nur im Meer vorkommen. Ihr Fuß, der an ihrem Kopf sitzt (von daher auch ihr Name: Cephalopoden – griechisch *kephalê*, „Kopf" und *podos*, „Fuß"), ist in **Tentakel** aufgeteilt; sie sind mit Saugnäpfen versehen, um Beute zu ergreifen. Kraken (oder Achtfüßer) besitzen acht gleich lange Tentakel, Kalmare und Tintenfische dagegen zehn: acht kurze und zwei sehr lange. Eini-ge Arten, die große Tiefen bewohnen, tragen an ihren Tentakeln Leuchtorgane.

Ihr mit zwei hornartigen Kiefern wie ein Papageienschnabel ausgestatteter Mund erlaubt es ihnen, ihre Nahrung (kleine Krebstiere aus dem Meeresplank-ton) zu zerkleinern. Während bestimmte Urformen eine Außenschale be-saßen, weisen fast alle heutigen Kopffüßer eine zurückgebildete innere Schale auf (beim Kalmar eine „Feder", beim Tintenfisch einen „Kno-chen") oder sie fehlt völlig (beim Kraken). Nur *Nautilus* (Schiffsboot) verfügt noch über eine Außenschale. Viele Kopffüßer sind von einer für Wirbellose beträchtlichen Größe. (Der Riesenkalmar erreicht eine Länge von bis zu 15 oder 20 Metern.) Auch ihr Gehirn ist weiter entwickelt als das anderer Wirbel-loser und im Gegensatz zu den anderen Weichtieren bewegen sie sich verhältnismäßig schnell: Durch einen im Vorderteil ihres Körpers gelegenen Trichter stoßen sie heftig Wasser aus, wodurch sie wie eine Rakete beschleunigt werden. Bei Gefahr geben sie eine Tintenwolke von sich, die das Wasser verdunkelt und sie verbirgt. □

Ein Kopffüßer: der Gemeine Krake (*Octopus vulgaris*) oder Achtfüßer

zusammengehalten, lassen sich dank besonderer Muskeln völlig schließen oder auch öffnen, sodass ein Teil des Körpers hinausgleiten kann. Schalentiere fressen, indem sie Wasser filtern und die darin enthaltenen Nahrungsteile zurückbe-halten. Sie unterscheiden sich von anderen Weichtieren dadurch, dass sie keinen Kopf besitzen.

Andere wie Herz- und Venusmuschel und Messerscheide vergraben sich im Sand oder Schlamm. Wieder andere wie die Miesmuschel heften sich entweder mit Hilfe einer ihrer Schalen oder dank klebender Fäden, dem **Byssus**, an einen Fels.

Die Jakobsmuschel (oder Kammmuschel) ruht frei auf dem Boden und kann sich sprungweise fortbewegen, indem sie schnell ihre Schalen schließt.

Nacktkiemer

Diese Bauchfüßer (oben: *Nudibranchia chromodoris*) zeichnen sich dadurch aus, dass sie keine Schalen be-sitzen. Sie kommen in sehr lebhaften Farben vor und erinnern entfernt an Nackt-schnecken; sie bewegen sich durch Körperwindungen fort und ernähren sich über-wiegend von Seeanemonen.

Das Schiffsboot (*Nautilus*)

Unter den Kopffüßern besitzt einzig das Schiffsboot eine gut ausgebildete Schale, die in mehrere luftgefüllte Abteile aufgeteilt ist. Diese in der Urzeit entstandenen sehr alten Tiere sind heute nur noch mit wenigen Arten vertreten (unten: *Nautilus macromphalus*).

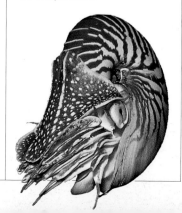

Die Gliederfüßer

❂ Deckflügel: bei bestimmten Insekten der harte Außenflügel, der beim Fliegen nicht schlägt.

❂ Extremität: gegliedertes, bewegliches Glied der Beine und des Mundes bei Insekten und Krebsen.

❂ Häutung: Abwerfen der Haut bei bestimmten Tieren.

❂ Kiefer: jeder der beiden Teile des Mundes, mit denen bestimmte Insekten und Krebstiere ihre Nahrung ergreifen und zerkleinern.

❂ Kopfbruststück: bei bestimmten Wirbellosen jener Körperteil, der Kopf und Brust umfasst, die miteinander verwachsen sind.

❂ Larve: Form, die bestimmte Tiere im Laufe ihrer Entwicklung annehmen, bevor sie voll entwickelt sind.

❂ Legestachel: bei bestimmten Insekten längliches Organ am äußeren Hinterleibende des Weibchens; es dient zum Ablegen der Eier im Boden, in Pflanzen usw.

❂ Metamorphose: Gesamtheit der Umwandlungen, die bestimmte Tiere durchmachen, bevor sie voll entwickelt sind.

❂ Mundwerkzeuge: bei bestimmten Tieren die Gesamtheit der Organe, die den Mund bilden.

❂ Puppe: Übergangsstadium bestimmter Insekten zwischen Larve und fertigem Tier.

Die Vogelspinne *(Aphonopelma seemani)* gehört zu den gefährlichen Spinnen der tropischen Wälder.

Die ältesten bekannten Gliederfüßer bewohnten die Meere schon vor über 600 Millionen Jahren. Von ihren Vorfahren haben die heutigen Gliederfüßer (über eine Million Arten!) ein wesentliches Merkmal beibehalten: Ihr Körper wird von einem Schutzpanzer bedeckt, der nichts anderes als ein Außenskelett ist. Dieser mehr oder weniger dicke Panzer hat insbesondere gegliederte Beine. Solange die Gliederfüßer wachsen, müssen sie sich von ihrem alten Panzer befreien und einen größeren bilden. Dieser Vorgang wird als **Häutung** bezeichnet.

Der Körper von Gliederfüßern besteht aus den so genannten **Segmenten.** Jedes kann mit Paaren gegliederter, beweglicher **Extremitäten** (Fühler, Beine oder Kiefer) ausgestattet sein. Die Gliederfüßer werden je nach Art und Zahl ihrer Extremitäten vier Gruppen zugeteilt. Zu den Spinnentieren werden Spinnen,

Skorpione und Milben gezählt; Tausendfüßer umfassen Doppelfüßer, die Hundertfüßer, Bandassel und Steinläufer.

Spinnentiere

Spinnen sind Spinnentiere. Alle Vertreter dieser Gruppe haben vorn am Mund zangenförmige Extremitäten, die Cheliceren, mit denen sie ihre Beute packen. Aber im Gegensatz zu den übrigen Gliederfüßern besitzen sie keine Fühler. Ihr Körper ist zweiteilig: Vorn befindet sich das Kopfbruststück mit den Augen (bis zu vier Paare), zwei Cheliceren, zwei Kiefertastern und vier Laufbeinpaaren. Hinten ist der Hinterleib mit den Spinnwarzen: Drüsenöffnungen, aus denen der Seidenfaden kommt.

Viele Arten wie Kreuz- und Wespenspinne spinnen Fangnetze, in denen sie Insekten fangen. Andere wie die Vogelspinne leben räuberisch; sie lauern in ihrem mit einem Seidendeckel verschlossenen Bau auf die Beute. Krabbenspinnen liegen auf Blumen, deren Farbe sie zur Tarnung annehmen, auf Lauer.

Spinnen sind im Allgemeinen Fleischfresser, wobei ihnen vor allem Insekten als Nahrung dienen. Das Gift, mit dem sie ihre kleine Beute lähmen, wirkt tödlich; es ist in einer Drüse enthalten, die mit den Cheliceren in Verbindung steht. Die Weibchen umschließen die von ihnen gelegten Eier mit

Eine Wespenspinne *(Argiope bruennichi)* in ihrem Netz

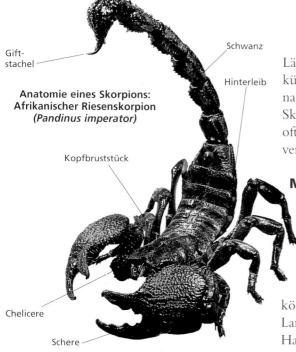

**Anatomie eines Skorpions:
Afrikanischer Riesenskorpion
*(Pandinus imperator)***

Gift-
stachel

Schwanz

Hinterleib

Kopfbruststück

Chelicere

Schere

Länder. Tagsüber verbergen sie sich an einem kühlen Ort, nachts gehen sie auf die Jagd nach Heuschrecken, Spinnen und anderen Skorpionen. Nach der Paarung kommt es oft vor, dass das Weibchen das Männchen verschlingt.

Milben

Diese winzigen Spinnentiere (die größten, die Zecken, werden 1 cm groß) leben überwiegend auf dem Boden, im Hausstaub oder auf Pflanzen. Oft sind sie Schmarotzer. Die Zecken sitzen zum Beispiel als Blutsauger auf Tieren und können so Krankheiten verbreiten. Die Larven der Erntemilben gleiten unter die Haut und verursachen Juckreiz.

Tausendfüßer

Tausendfüßer heißen auch Myriapoden. Alle Vertreter dieser Gruppe besitzen tatsächlich eine große Zahl von Beinen: Bestimmte Bandasseln bringen es bis auf 180! Tausend-füßer leben gewöhnlich auf der Erde, denn sie brauchen Feuchtigkeit. Einige ernähren sich von Insekten und Würmern, andere von Pflanzenresten. Die meisten sind harmlos, aber die Bandasseln mit ihren beiden mit Giftdrüsen versehenen Fortsätzen verursachen schmerzhafte Bisse. Der *Julus,* der sich einrollt, sobald man ihn berührt, ist, bis auf einige tropische Arten, ungefährlich. ☐

Der Schnurfüßer *(Julus)* ist ein Tausendfüßer. Er hat je Segment zwei Paar Beine.

Kanker oder Weberknechte

Diese kleinen Spinnentiere *(Pisaura mirabilis)* sind auf Feldern, an feuchten Orten und sogar in Häusern anzutreffen. Sie ähneln stark den Spinnen, aber im Gegensatz zu diesen besitzen sie lange Beine, dafür aber keine Giftdrüsen. Ihr besonderes Merkmal ist, dass sie sich selbst ein Bein abtrennen können, um einer Gefahr zu entkommen.

einem Seidenkokon. Aus diesen Eiern schlüpfen Junge, die den voll entwickelten Tieren ähnlich sind.

Skorpione

Auch Skorpione zählen zu den Spinnentieren. Dank ihrer beiden Scheren und ihrem Schwanz, dessen äußeres Ende in einem mit Giftdrüsen verbundenen Giftstachel endet, sind sie leicht zu erkennen. Der Stich bestimmter tropischer Skorpione ist tödlich, der des Feldskorpions in Südeuropa und des Afrikanischen Riesenskorpions dagegen nur schmerzhaft. Die meisten bewohnen warme

Eine räuberische Spinne

Diese Spinne *(Thomisus onustus)* gehört zur Familie der Krabbenspinnen. Sie ist klein und kann zur Tarnung die Farbe von Blumen annehmen; das erleichtert ihr die Jagd auf Insekten.

Ein schwimmender Krebs: die Garnele *Stenopus hispidus*

Die Krebse

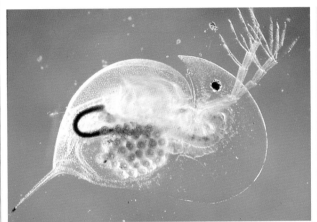

Eine typische höhere Krebstierart: die Strandkrabbe *(Carcinus maenas)*

Der Wasserfloh
Diese niederen Krebse (oben), die zur Ordnung der Blattfüßer gehören, bewohnen Tümpel und Teiche. Die winzigen Tiere werden zwischen 1 und 2 mm lang. Ihr Körper ist von einem durchsichtigen Panzer umhüllt, durch den die Eier des Weibchens zu sehen sind.

Die Ruderfüßer
Andere niedere Krebse, die Ruderfüßer *(Eucalanus)*, bewohnen in großer Zahl vor allem das Meer. Mit ihrem länglichen, oft farblosen Körper wirken sie wie kleine Krabben. Sie benutzen ihre langen Fühler bei der Fortbewegung wie Ruder.

Die Ursprünge der Krebse, die zur Gruppe der Gliederfüßer gehören, reichen über 500 Millionen Jahre zurück; nach den Fossilien aus dieser Zeit waren sie sehr kleine Tiere. Die so genannten „niederen" Krebse ähneln ihnen sehr. Ihnen folgten größere, die so genannten „höheren" Krebstiere wie Krebs und Hummer. Heute sind 25 000 Krebstierarten bekannt, aber die Forscher entdecken ständig neue. Sie bewohnen größtenteils das Meer (Krebse, Langusten usw.) oder Süßwasser (Flusskrebse) und atmen durch Kiemen. Die wenigen erdbewohnenden Arten wie die Kellerassel besitzen lungenähnliche Organe. Formen, Fortbewegungsmittel und Lebensgewohnheiten einer jeden Art unterscheiden sich beträchtlich. Dennoch haben alle Krebstiere eines gemeinsam: Nach Paarung und Befruchtung legen die meisten Weibchen Eier.

Krebs- oder Krustentiere
Die Krebse verdanken ihren zweiten Namen „Krustentiere" dem festen, krustenähnlichen Panzer, der ihren Körper schützt. Sie weisen mehrere **Extremitäten** auf: gegliederte Beine, mit denen sie sich fortbewegen oder

schwimmen, und Scheren, mit denen sie Nahrung greifen. Außerdem besitzen sie zwei Paar Antennen. Sie sind mehr oder weniger lang und erlauben ihnen die Wahrnehmung von Erschütterungen wie zum Beispiel die Bewegung eines Beutetieres; außerdem dienen sie dazu, ihr Gleichgewicht zu bewahren. Um zu wachsen, macht ein Krebs im Laufe seines Lebens mehrere **Häutungen** durch. Wenn es so weit ist, reißt der Panzer ein und wird ein wenig angehoben, sodass der weiche Körper zum Vorschein kommt. Ein Tier braucht mehrere Stunden, um sich von seinem alten Panzer zu befreien. Danach vergrößert der Körper sein Volumen. Die umgebende Membran erhärtet allmählich, sodass ein neuer Panzer entsteht. Bei vielen Krebsen wächst ein neues Glied nach, wenn das alte verletzt oder abgerissen wurde.

Niedere Krebse
Die niederen Krebse sind winzig kleine, eher längliche Tiere. Bestimmte Arten bewohnen den Sand der Küstenstriche überall auf der Erde, andere schwimmen im Wasser. Das ist der Fall bei den Ruderfüßern,

Ein Krebs, der läuft: der Gemeine Hummer *(Homarus vulgaris)*

die ein wesentlicher Bestandteil des Meeresplanktons sind, die man aber auch im Süßwasser findet. Manchmal wimmelt es in den Teichen von Wasserflöhen, wo sie dank ihrer Fühler, die ihnen als Ruder dienen, ruckartig schwimmen.

Höhere Krebse

Höhere Krebse sind im Allgemeinen größere Tiere wie zum Beispiel Krabben, Krebse, Flusskrebse und Hummer. Ihr Körper besteht aus zwei Teilen: einem oberen, dem **Kopfbruststück**, und einem unteren, dem Abdomen. Diese Tiere weisen 14 Extremitätenpaare auf, davon sind fünf Paare Beine (daher auch ihr Name „Zehnfüßer"). Manche bewegen sich durch Schwimmen fort, andere durch Gehen. Die Krabben, die schwimmende Krebse sind, besitzen einen leichten Panzer und längliche Beine. Das Besondere an ihnen ist, dass sie ihre Farbe verändern und sich so ihrer Umgebung anpassen können: Das nennt man Mimikry. Allgemein haben die Laufkrebstiere einen dickeren Panzer und kürzere Beine als die schwimmenden Krebse.

Dennoch kommen sie in unterschiedlicher Größe und den verschiedensten Formen vor. Einige wie Kaisergranat, Hummer und Flusskrebs haben Scheren; andere wie die Languste besitzen keine. Außerdem ist der Abdomen bei Hummer, Langusten und Flusskrebsen gut ausgebildet und lang gestreckt, während er bei anderen Krebsen sehr schwach ausgebildet und unter einem breiten, abgeflachten Kopfbruststück verborgen ist.

Es gibt zahlreiche Krebse; die häufigsten sind Strandkrebs, Taschenkrebs und Samtkrabbe. In den Tropen gibt es einige Arten mit erstaunlichen Formen und Lebensgewohnheiten. Bei einer Krebsart zum Beispiel ist eine Schere sehr viel stärker entwickelt als die andere; manchmal wird sie so dick wie der Körper. Der Ocypodenkrebs verbirgt sich in einem im Sand gegrabenen Bau; außerdem kann er auf Bäume klettern. □

Der Ocypodenkrebs *(Ocypoda gaudichaudii)* mit seinen hohen Beinen bewohnt warme Regionen.

Die Seepocke: fest sitzende Krebse

Einige Krebse haften ihr ganzes Erwachsenenleben lang an einem Untergrund. Das gilt besonders für die Seepocke *(Balanus)*; bei Ebbe ist sie am Meeresstrand an fast allen Felsküsten der Erde anzutreffen.

Ihr Körper ist umgeben von Kalkplatten, die einen kleinen, ungefähr 1 cm hohen Kegel bilden, der am Fels festgemacht ist. Wenn das Meer bei Flut die Felsen wieder bedeckt, öffnet sich die obere Öffnung des Kegels, aus der eine Art winziger Tentakel, die so genannten „Ranken", auftauchen. Sie schlagen im Wasser, sodass das Tier die feinen Partikel greifen kann, aus denen das Meeresplankton besteht und von dem es sich ernährt.

Wanderheuschrecken *(Schistocerca gregaria)*

Insekten: Libellen und Heuschrecken

Das Wandelnde Blatt

Dieses eigenartige Insekt *(Phyllium bioculatum)*, ein Verwandter der Heuschrecke, besitzt einen breiten, abgeflachten Körper. Seine Deckflügel sind voller Äderungen, die die Blätter der Bäume, auf denen es lebt, imitieren.

Die Gespenstheuschrecke

Die Gespenstheuschrecke *(Extatosoma tiaratum)*, mit Feldheuschrecke und Heuschrecke verwandt, ist das größte Insekt: Sie wird bis zu 30 cm lang und lebt gut getarnt im Blattwerk, denn sie kann ihre Farbe verändern (von Grün zu Braun).

Insekten stellen unter den Tieren die bedeutendste Gruppe. Man zählt 750 000 Arten. Wie bei allen Gliederfüßern bedeckt ein mehr oder weniger starrer Panzer den Körper, die Beine sind gegliedert, außerdem besitzen sie im Allgemeinen Flügel. Sie sind als einzige Wirbellose in der Lage zu fliegen. Sie haben sich dem Leben auf dem Festland angepasst und atmen mit Hilfe kleiner Röhren: den Tracheen. Insekten gibt es schon seit 350 Millionen Jahren.

Die Merkmale der Insekten

Der Körper aller Insekten besteht aus drei Teilen: Kopf, Bruststück und Hinterleib. Am Kopf sitzen zwei Augen, zwei Fühler und **Mundwerkzeuge** unterschiedlicher Form. Das Bruststück besteht aus drei Segmenten, jedes mit einem Paar Beinen versehen, und bei der Mehrzahl der Arten mit zwei Flügelpaaren auf den beiden letzten Segmenten. Der Hinterleib umschließt Verdauungsapparat und Geschlechtsorgane. Fast alle Insekten pflanzen sich durch befruchtete Eier fort.

Klassifizierung der Insekten

Sie beruht auf drei Hauptmerkmalen: der **Metamorphose**, das heißt der Verwandlung der **Larve** in ein fertiges Tier; der Flügelform und schließlich der Nahrung. Man unterscheidet zwei Arten der Metamorphose: Am häufigsten (bei Fliegen, Schmetterlingen usw.) schlüpft aus dem Ei eine Larve (Made, Engerling, Raupe); sie nimmt, während sie wächst, nach einer Reihe von **Häutungen** allmählich ihre endgültige Form an. In diesem Fall ist die Verwandlung

Die Teufelsnadel *(Aeshna cyanea)* ist eine Libelle mit blau und grün geflecktem braunem Bruststück.

vollständig. Manchmal ähnelt die Larve wie bei der Feldheuschrecke einem fertigen Tier, hat aber noch keine Flügel. Dann spricht man von unvollständiger Verwandlung. Anhand von Form und Anordnung der Flügel werden außerdem verschiedene Gruppen unterschieden. Starrflügler wie Libellen und Eintagsfliegen klappen ihre Flügel nicht an den Körper. Geradflügler wie Heuschrecken, Feldheuschrecken und Grillen falten sie fächerartig zusammen. Bei den Hautflüglern wie Bienen, Wespen und Ameisen sind die Hinterflügel kürzer als die Vorderflügel. Die Zweiflügler wie Fliegen und Mücken haben nur ein einziges Paar Flügel. Die Gleichflügler wie Zikade und Blattlaus besitzen zwei Paar gleicher Flügel. Bei den Ungleichflüglern wie den Wanzen bedecken die starren Vorderflügel die Hinterflügel, aber nicht den Hinterleib; bei den Käfern wie Marienkäfer und Pillendreher bilden die Flügel eine Hülle, die den gesamten Hinterleib bedeckt. Die Schmetterlinge weisen zwei Paare großer, mit kleinen Schuppen bedeckter Flügel auf. Schließlich gibt es auch noch einige Arten ohne Flügel; dabei handelt es sich um Urinsekten und um Insekten, die

Termitensoldaten *(Nasutitermes)* verteidigen ihr Nest in einem Baum.

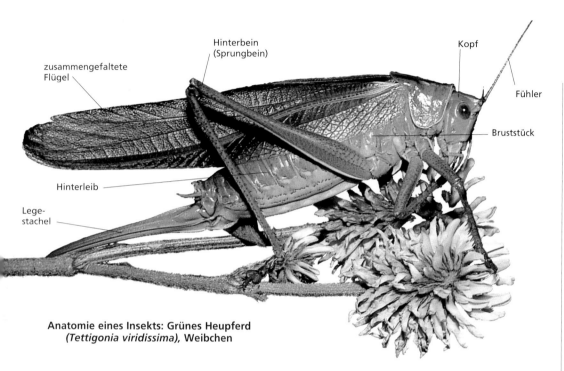

zusammengefaltete Flügel

Hinterbein (Sprungbein)

Kopf

Fühler

Bruststück

Hinterleib

Lege-stachel

Anatomie eines Insekts: Grünes Heupferd *(Tettigonia viridissima),* Weibchen

Termiten

Termiten (oben) sind in den Tropen sehr zahlreich; sie leben als soziale Insekten in einem Staat. Einige Arten bauen hohe Erdhügel, andere legen ihr Nest in einem Baum oder im Boden an. Eine Termitenkolonie besteht aus drei Kasten: den Geschlechtstieren (König und Königin, die als einzige Flügel besitzen), den Arbeitern, die für Nahrung sorgen, und den Soldaten, die den Termitenhügel verteidigen.

Die Gottesanbeterin

Die Gottesanbeterin (Mantis religiosa), eine Verwandte der Heuschrecke, verdankt ihren Namen der Position, in der sie ihre Vorderbeine hält, um Beute zu fangen: Es sieht aus, als wolle sie beten. Es kommt recht häufig vor, dass das Weibchen das Männchen nach der Paarung verschlingt.

ihre Flügel nachträglich verloren haben, wie Laus, Floh und Arbeitsameise. Außerdem besitzen die Insekten **Mundwerkzeuge**, mit denen sie kleine Tiere oder Pflanzen greifen und zerkleinern. Bei anderen haben sich die Mundwerkzeuge dagegen in einen Saugrüssel verwandelt, mit dem sie lediglich Flüssigkeiten wie Nektar oder Blut aufnehmen können: Das sind die „Stech"-Insekten oder die „Sauger" wie Bienen und Schmetterlinge.

Palaeopteren: Libelle, Wasserjungfer und Eintagsfliege

Diese Insekten machen eine unvollständige Verwandlung durch; ihre Larven ähneln fertigen Tieren ohne Flügel, aber sie sind Wasserbewohner. Sie falten ihre Flügel nicht zusammen. Libellen sind typische Vertreter der Paleopteren. Als fertige Tiere erkennt man sie an ihren großen Augen, ihrem schlanken Körper und den lebhaften Farben. Wasserjungern sind kleiner als Libellen; sie fliegen langsam und ruckweise. Im Gegensatz zu den Libellen endet der Hinterleib der Eintagsfliege in drei langen, fadenförmigen

Anhängen. Ihre Larven sind mehrere Jahre lang wasserbewohnend, aber die fertigen Tiere leben nur wenige Stunden (daher ihr Name „Eintagsfliege").

Geradflügler: Heuschrecken, Feldheuschrecken und Grillen

Auch sie machen eine unvollständige Verwandlung durch; ihre Flügel falten sich fächerförmig zusammen. Mit ihren kräftigen Mundwerkzeugen können sie Pflanzen oder kleine Tiere zerkleinern. Sie bewegen sich im Allgemeinen durch Springen fort und geben Töne von sich. Das Grüne Heupferd besitzt feine, lange Fühler. Beim Weibchen ist am Hinterleibende ein längliches Organ, der **Legestachel**, vorhanden; damit kann es seine Eier im Boden ablegen. Feldheuschrecken haben dagegen kurze Fühler und ihre Weibchen weisen keinen Legestachel auf. Wanderheuschrecken bilden Schwärme, die ganze Felder vernichten. Grillen haben einen dicken Kopf und kurze Vorderflügel. ☐

Zuchtbienen *(Apis mellifica)* auf den Waben eines Bienenkorbes

Insekten: Bienen, Wespen und Ameisen

Die „Honigtopf"-Ameisen

Die Ameisen der Gattung *Myrmecocystus,* die Wüstengegenden in Nordamerika bewohnen, lagern ihre Nahrungsvorräte auf erstaunliche Art. In ihrem Staat dienen einige Arbeiterinnen ausschließlich als Vorratslager: Ihre ganze Arbeit besteht darin, in ihrem Kropf den Honig zu speichern, den die anderen Arbeiterinnen ihnen bringen. Sie werden so reichlich verköstigt, dass sich ihr Hinterleib aufbläht, bis er achtmal größer als ursprünglich ist. Sie hängen an der Wand eines unter der Bodenoberfläche gegrabenen Ganges und können sich kaum rühren. Finden die anderen Arbeiterinnen draußen nichts mehr zu fressen, saugen sie den Honig, der den gewaltigen Hinterleib dieser Nährameisen füllt.

Bienen, Wespen und Ameisen bilden die Gruppe der Hautflügler. Diese Insekten, die eine vollständige **Metamorphose** durchmachen, besitzen zwei Paare durchsichtiger Flügel, versehen mit einer kleinen Anzahl von Äderungen. (Allerdings haben viele Ameisen ihre Flügel verloren.) Alle Insekten werden von Zucker angezogen. Bienen ernähren sich vor allem von Blumennektar; bei Wespen kommen noch Obst und kleine Insekten dazu; Ameisen sind Allesfresser, die Beutetiere, Baumsaft und Samen verzehren. Viele dieser Insekten leben in einem Staat.

Bienen

Es gibt zahlreiche Bienenarten. Die einen leben allein, andere in einem Staat. Die Zuchtbiene bewohnt Nester, den so genannten „Bienenkorb". Sie erzeugt Honig. Jeder Bienenkorb beherbergt eine Königin (die allein Eier legt) und mehrere Männchen (die Drohnen), die nur kurze Zeit leben und deren einzige Aufgabe darin besteht, die Königin zu befruchten. Dazu kommen noch tausende von Arbeiterinnen, die Nahrung suchen und den Bienenkorb warten. Er enthält in Waben aufgeteilte Wachstafeln. Ein Teil davon dient als Brutzellen, in dem die Larven aufwachsen; andere, in denen der Honig entsteht, dienen als Nahrungsvorrat.

Wespen

Wespen unterscheiden sich von Bienen durch ihren gelb und schwarz gestreiften Hinterleib. Die Weibchen besitzen eine Giftdrüse, die in einen Stachel am Hinterleibsende ausläuft. Einige leben allein, andere bilden einen Staat in Nestern aus vorgekauten Pflanzenfasern. Die Hornisse ist die größte Wespenart.

Ameisen

Alle Bewohner eines Ameisenhaufens leben in einem Staat. Er beherbergt eine oder mehrere Königinnen, deren einzige Aufgabe das Eierlegen ist, und unzählige Arbeiterinnen (die keine Flügel haben); sie führen alle anderen Arbeiten aus. Aus einigen Eiern schlüpfen Ameisen mit Flügeln; diese Männchen und Weibchen sorgen für die Fortpflanzung. ☐

Die Hornisse *(Vespa crabro)* unterscheidet sich von der Wespe durch ihre roten Flecken.

Feuerwanze *(Pyrrhocoris apterus)*

Insekten: Fliegen, Zikaden und Wanzen

**Hausfliege
(*Musca
domestica*)**

Fliegen, Mücken, Zikaden, Blattläuse und Wanzen sind genau wie Flöhe und Läuse Insekten mit einer vollständigen Verwandlung. Wegen ihres in eine Art hohle Nadel abgewandelten Mundwerkzeugs können sie nur Flüssigkeiten aufnehmen. Alle sind „Stech"- oder „Saug"-Insekten. Viele übertragen Krankheiten.

Zweiflügler: Fliegen und Mücken

Zweiflügler oder Diptera (griech. *dipteros,* „mit zwei Flügeln") besitzen ein einziges Flügelpaar zum Fliegen. Ihre hinteren zurückgebildeten Flügel (oder „Schwingkölbchen") helfen dem Tier beim Flug das Gleichgewicht zu halten. Typisch für Fliegen sind kurze, kaum sichtbare Fühler und ein gedrungener Körper. Dank ihres Rüssels, der nach unten hin verbreitert ist und an den äußeren Enden von kleinen Kanälen durchzogen wird, nehmen sie flüssige Nahrung auf. Einige wie das Weibchen der Bremse stechen Mensch und Tier. Eine Fliege legt auf einmal 600 bis 2 000 Eier. Daraus schlüpfen **Larven** in Form von Maden, die sich verwandeln.
Mücken besitzen lange, fedrige Fühler, einen feinen Körper und lange Beine. Sie legen ihre Eier im Wasser ab. Dort wachsen die Larven und schlüpfen erst nach der **Metamorphose**. Deshalb bewohnen Mücken

überwiegend feuchte Orte. Die Männchen ernähren sich von zuckrigen Flüssigkeiten (zum Beispiel von Früchten), die Weibchen von Blut; nur sie stechen.

Gleichflügler: Zikaden und Blattläuse

Zikaden und Blattläuse weisen zwei Paare gleicher Flügel auf: daher ihr Name „Gleichflügler". Sie ernähren sich von Pflanzensaft. Zikaden werden 10 cm lang und haben bodenbewohnende Larven. Nur die Männchen singen; sie sind mit einem so genannten „Zirporgan" ausgestattet, das Töne hervorbringt. Die kleineren Blattläuse sind eine gefährliche Plage für Pflanzen, denn sie saugen ihren Saft.

Ungleichflügler: Wanzen

Die Vorderflügel der Wanzen sind dicker als die hinteren und sie unterscheiden sich auch in ihrer Form: daher ihr Name „Ungleichflügler".
Einige wenige Arten sind Wasserbewohner, aber die meisten sind landlebend wie die besonders übel riechende Raubwanze oder die Feuerwanze, deren roter Körper zwei schwarze Flecken aufweist. Einige nehmen Pflanzensaft auf; andere stechen und saugen Blut wie die Bettwanze. □

**Nordamerikanische Zikade
(*Tibicen canicularis*)**

Läuse

Die flügellosen Stechinsekten leben als Schmarotzer auf dem Körper von Tier und Mensch; mit Hilfe ihres länglichen, spitzen Mundwerkzeugs saugen sie deren Blut.

Dank ihrer mit kräftigen Krallen versehenen Beine können sie sich an den Haaren festhalten. Auf Menschen können drei verschiedene Läusearten leben: die Kopflaus, die sich in Haaren und Bart einnistet; die Kleiderlaus, die vor allem in den Kleidern anzutreffen ist, und die Filzlaus *(Phthirius pubis),* von der oben eine Mikroskopaufnahme abgebildet ist.

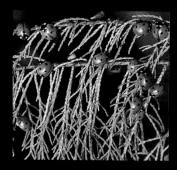

Rüsselkäfer

Rüsselkäfer sind Insekten der Ordnung der Coleopteren (Käfer) und stellen eine artenreiche Familie im Tierreich dar (46 000 Arten). Der abgebildete Rüsselkäfer *(Lamprocyphus augustus)* lebt in Brasilien; seinen Körper bedecken metallfarbene Schuppen und er wird 3 cm lang. Rüsselkäfer erkennt man an dem Rüssel vorne am Kopf, an dessen Ende der Mund sitzt. Dieser Rüssel ist entweder lang und fein oder kurz und gedrungen; damit kann das Insekt Körner, Früchte und Rinden zerkleinern und Löcher graben, in die das Weibchen seine Eier ablegt. Im Gegensatz zu den Marienkäfern, die auch Pflanzen von Blattläusen säubern, gilt der Rüsselkäfer als Nutzpflanzenschädling.

Marienkäfer mit sieben Punkten (*Coccinella septempunctata*)

Insekten: die Käfer

Mistkäfer

Mistkäfer (*Gymnopleurus virens*) sind kleine Insekten der Ordnung Käfer; sie ernähren ihre Larven mit dem Mist verschiedener Säugetiere, den sie zu Pillen drehen.

Der Rüsselkäfer

Der hundertfach vergrößerte Kopf dieses Rüsselkäfers (*Rhinastus sternicornis*) sieht Furcht einflößend aus. Sein Mund sitzt am Ende des langen, zylindrischen Rüssels.

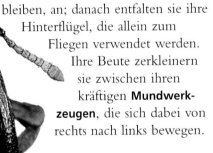

Die Käfer (oder Coleopteren) unterscheiden sich von anderen Insekten durch einen starken Panzer auf ihrem Rücken. Diese starre Hülle, nichts anderes als ihr erstes Paar Flügel, verdeckt die Hinterflügel. Die Käfer sind sehr zahlreich und kommen in verschiedenen Größen, Formen und Farben vor.

Merkmale der Käfer

Käfer sind Insekten mit einer vollständigen Metamorphose. Aus dem Ei schlüpft eine Larve, die wie ein Wurm aussieht; sie hat Beine oder auch nicht, aber einen immer gut entwickelten Kopf. So ist die Larve des Maikäfers, ein Engerling, fleischig und hat kaum sichtbare Fühler und kurze Beine. Sie lebt drei Jahre lang im Boden und ernährt sich von Wurzeln. Danach verwandelt sie sich in eine **Puppe**; zwei Monate später ist aus der Larve ein fertiges Insekt geworden, bereit davonzufliegen. Alle Käfer fliegen auf dieselbe Art. Sie heben ihre **Deckflügel** genannten Vorderflügel, die halb offen bleiben, an; danach entfalten sie ihre Hinterflügel, die allein zum Fliegen verwendet werden. Ihre Beute zerkleinern sie zwischen ihren kräftigen **Mundwerkzeugen**, die sich dabei von rechts nach links bewegen.

Eine ungeheure Vielfalt

Käfer haben sich den verschiedensten Lebensräumen angepasst und bewohnen praktisch alle Regionen: die Küste ebenso wie das Gebirge in einer Höhe von bis zu 6 000 m. Die Tiere haben sehr unter-

schiedliche Farben: Rot und Schwarz oder Rot und Gelb wie der Marienkäfer, Goldgelb wie der auch Goldkäfer genannte Maikäfer von Costa Rica. Ebenso sind Formen und Größen sehr vielfältig. Der größte Käfer, der *Titanus giganteus,* wird bis zu 23 cm lang; er be-

Goldkäfer
(*Plusiotis resplendens*)

wohnt den Urwald am Amazonas. Andere Käfer sind dagegen gerade einmal 0,5 mm groß. Käfer leben von sehr unterschiedlicher Kost. Viele ernähren sich von Pflanzen. Bestimmte Rüsselkäfer, erkennbar an ihrem langen Rüssel, sind eine Plage für Nutzpflanzen. Andere wie die Splintkäfer fressen Holz: Trotz ihrer geringen Größe haben sie tausende von Hektar Wald vernichtet. Wieder andere fressen kleine Tiere. Der Marienkäfer ist zum Beispiel sehr nützlich, denn er verspeist Blattläuse und Schildläuse in großer Zahl. Laufkäfer leben inmitten toter Blätter und ernähren sich von Raupen, Regenwürmern und Schnecken. Schwimmkäfer bewohnen das Wasser; ihre Larven greifen alle Arten von Beute an, insbesondere kleine Fische und Kaulquappen. Mistkäfer ernähren ihre Larven mit dem Mist verschiedener Säugetiere; sie drehen daraus Pillen, daher der Name eines Teils dieser Art. □

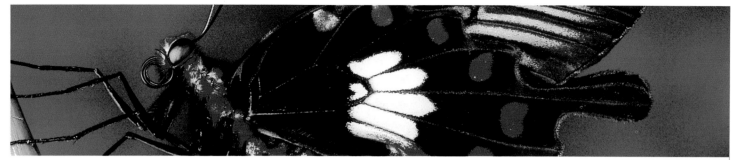

Insekten: die Schmetterlinge

Die Schmetterlinge, die die Ordnung der Lepidopteren bilden, zeichnen sich durch ihre vier großen, mit mikroskopisch kleinen Schuppen bedeckten Flügel aus. Dank ihres Saugrüssels können sie Flüssigkeiten, insbesondere den Nektar, aus Blüten saugen. Diese Insekten machen eine vollständige **Metamorphose** durch: Von der Larve oder Raupe verwandeln sie sich erst in eine **Puppe**, danach in einen Schmetterling. Sie haben eine sehr unterschiedliche Lebensdauer: im Durchschnitt ein oder zwei Monate. Einige werden jedoch bis zu einem Jahr alt, andere dagegen nur wenige Stunden. Die Männchen finden die Weibchen anhand ihres Geruchs. Nach der Paarung legen die Weibchen dort Eier ab, wo die Raupen Nahrung finden. Tag- und Nachtfalter unterscheiden sich nicht nur in ihren Lebensgewohnheiten, sondern auch in ihrem Aussehen.

Tagfalter

Die Flügel von Tagfaltern sind häufig farbiger als die von Nachtfaltern. Ihre lebhaften Farben sollen entweder einen Partner anziehen oder Feinde warnen, dass sie ungenießbar sind. Um aktiv zu werden, brauchen sie Sonne. Oft leben und sterben sie an dem Ort, an dem sie schon geboren wurden. Die größten und schönsten Tagfalter leben in den Tropen: So ist der Morpho mit einer Flügelspanne von 15 cm in Südamerika anzutreffen.

Nachtfalter

Die Nachtfalter sind zahlreicher als die Tagfalter, wenngleich sie oft kleiner und unscheinbarer sind. Tagsüber ruhen sie; in der Nacht werden sie aktiv und sind im Wesentlichen mit der Fortpflanzung beschäftigt. Das Weibchen gibt einen besonderen, für seine Art typischen Duft ab: Es erzeugt einen chemischen Stoff, das Pheromon, das sich in der Luft verteilt und ein Männchen selbst aus größerer Entfernung anzieht. Die Raupen dieser Schmetterlinge weisen oft besondere Merkmale auf. Die der Familie der Spanner bewegen sich wie Blutegel auf Pflanzen fort. Die Raupen des Prozessionsspinners machen sich im Frühjahr eine hinter der anderen wie bei einer Prozession auf den Weg; von daher stammt auch ihr Name. Die Raupen der Familie der Wickler leben aufgerollt in Blättern. ☐

Von der Puppe zum Schmetterling
Von links nach rechts:
1. Die Larve oder Raupe ernährt sich von Blättern, bis sie genug Vorräte hat.
2. Sie macht sich an einem Ast fest und verwandelt sich in eine Puppe; ihre Haut, die sie völlig umgibt, erhärtet.
3. Die Raupe beginnt ihre Verwandlung: Flügel, Fühler und Rüssel nehmen Form an; die Hülle wird durchsichtig.
4. Einen Monat später verlässt der Schmetterling seine alte Haut.
5. Der Schmetterling oben – ein Schwalbenschwanz *(Papilio machaon)* – fliegt gleich davon.

Ein Tagfalter:
Caligo atreus

Die Stachelhäuter

Seesterne und Seeigel haben Zoologen lange nicht einzuordnen gewusst. Sie haben sie als „Tier-Pflanzen" bezeichnet. Heute weiß man, dass es sich um Tiere besonderer Art, so genannte „Stachelhäuter" handelt.

Dieser Seestern *(Fromia monilis)*, hier auf einer Weichkoralle, bewohnt das Rote Meer.

Seelilie, Seestern und Seeigel sind die wichtigsten Vertreter einer Gruppe von Wirbellosen, die man als „Stachelhäuter" bezeichnet. Im Gegensatz zu den meisten Tieren, die **zweiseitig symmetrisch** sind (ihr Körper weist je eine identische linke und rechte Hälfte auf) sind Stachelhäuter **radiärsymmetrisch** gebaut: Ihr Körper besteht aus fünf ähnlichen Elementen, die wie Radspeichen regelmäßig um eine Achse in der Mitte angeordnet sind. Alle Stachelhäuter sind Meeresbewohner. Bei ihnen liegt das Skelett innen, im Gegensatz zu den Gliederfüßern, bei denen es außen ist. Es befindet sich gleich unter der Haut und besteht aus durchlöcherten Kalkplatten, von denen hunderte kleiner, mit einer Flüssigkeit gefüllter **Tentakel** ausgehen. Diese Fangarme, an deren Ende manchmal auch Saugorgane sitzen, dienen ihnen als Beine.

Seelilien

Seelilien sind die ältesten Vertreter der Gruppe der Stachelhäuter: Es wurden über 400 Millionen Jahre alte Fossilien gefunden. Wie ihre Vorfahren ähneln auch die heute bekannten Arten eigenartigerweise Blumen. Sie sind kelchförmig und besitzen fünf lange Arme. Der Kelch umschließt verschiedene Organe; mit den Armen wird Nahrung gesammelt und zum Mund gebracht, der sich in der Kelchmitte befindet. Der Kelch ist mit einem bis zu einem Meter langen Stiel am Meeresgrund befestigt. Bestimmte Seelilien wie die

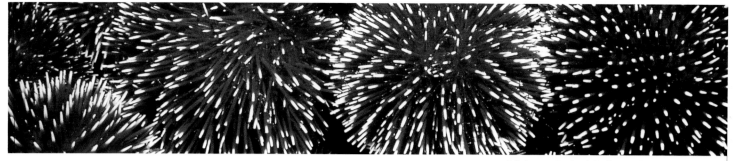

Violetter Seeigel *(Sphaerechinus granularis)*

Federsterne verlieren diesen Stiel als erwachsene Tiere und schwimmen frei im Meer.

Seesterne

Die Seesterne verdanken ihren Namen ihrem Aussehen: Mit ihren um eine Scheibe in der Mitte angeordneten Armen gleichen sie tatsächlich einem Stern. Die meisten besitzen fünf Arme, einige jedoch bis zu vierzig. Wird ein Arm abgetrennt, wächst er nach; diese Erscheinung bezeichnet man als **Regeneration**. Die Seite des Tieres, die auf dem Boden ruht, enthält den Mund, der After befindet sich dagegen an der Oberseite. Seesterne sind **Carnivoren** und greifen Weichtiere wie Muscheln und Austern an; sie sind fähig sie zu öffnen, um den Inhalt auszuschlürfen. Um zu essen, kehren sie ihren Magen nach außen, umhüllen damit die Beute und verdauen sie. Danach ziehen sie den Magen wieder ins Körperinnere zurück. Seesterne schwimmen nicht, sondern bewegen sich durch Kriechen auf Felsen, Algen oder sandigem Boden fort. Es gibt über 6 000 Arten. Einige sind sehr farbig.

Seeigel

Der Körper des Seeigels ist von einem **Panzer** (oder einer kalkigen Schale) umgeben, gebildet aus miteinander verbundenen Kalkplatten und besetzt mit beweglichen Stacheln, mit deren Hilfe das Tier sich fortbewegen kann. Zwischen diesen Stacheln befinden sich kleine Zangen mit Giftdrüsen, die **Pedicellarien**; sie sind ein wirksames Mittel, um sich Feinde vom Leib zu halten. Die wichtigsten Organe im Inneren des Panzers sind die Verdauungsröhre und die orangefarbenen Fortpflanzungsorgane (dieser Teil gilt als Leckerbissen). Um den Mund haben Seeigel eine Art Kauapparat, der aus fünf Zähnen besteht. Damit kratzen sie Algen und kleine Tiere von den Felsen ab.

Die meisten Küsten bewohnenden Seeigel sind rund; das sind die so genannten „Regulären Seeigel". Einige Arten, die Sand- oder Schlammbewohner sind wie die Herzigel, sind abgeflacht.

Seewalzen

Seewalzen, auch „Seegurken" genannt, sind Stachelhäuter mit einer ganz besonders eigenwilligen Form: Sie besitzen weder Arme noch Stacheln und ähneln einer ungefähr 30 cm langen Wurst. Diese Tiere bewohnen zum Teil große Tiefen, manchmal bis zu 10 000 m. Die Seewalze kriecht auf dem Sand oder durchwühlt den Schlamm, aus dem sie winzige Nahrungsteilchen aufnimmt. ☐

Den Diademseeigel *(Diadema setosum)* erkennt man an seinen langen Stacheln.

Seelilien

Diese eigenartigen Tiere *(Pentacrinus wywille-thomsoni)*, die Blumen ähneln, sind Seelilien. Sie bewohnen Tiefen um 2 000 m und leben in Kolonien. Der Kelch, der verschiedene Organe des Tieres enthält, sitzt auf einem langen Stiel und ist von zehn beweglichen Armen umgeben. Der Stiel selbst haftet fest am Meeresboden.

Schlangensterne

Diese Tiere *(Ophiopsila araena)*, nahe Verwandte der Seesterne, besitzen lange, gelenkige Arme, die klar von der Scheibe in der Mitte abgesetzt sind. Mit diesen Armen bewegen sie sich schlängelnd wie Schlangen fort. Schlangensterne sind in allen Meeren anzutreffen; sie ernähren sich von Tier- und Pflanzenresten.

Wirbeltiere

Wirbeltiere verdanken ihren Namen dem Hauptelement ihres Skeletts: der Wirbelsäule. Die ersten Wirbeltiere sind vor ungefähr 470 Millionen Jahren entstanden. Das waren die kieferlosen Fische.

Das Tierreich: die

Knorpelfische

Knochenfische

FISCHE

Quastenflosser und Lungenfische

WIRBELLOSE **WIRBELTIERE**

Klassifizierung der Lebewesen:
die Wirbeltiere

Schildkröten

- **anatomisch:** alles was mit Anatomie zusammenhängt, das heißt mit Form, Anordnung und Struktur der Organe von Tieren und Pflanzen.
- **Eier legend:** Fortpflanzung aus Eiern, die vor dem Schlüpfen gelegt wurden.
- **Gehirn:** Gesamtheit des zentralen Nervensystems, bestehend u. a. aus Großhirn, Kleinhirn und Hirnstamm, die in der Hirnschale enthalten sind.
- **homogen:** Etwas besteht aus gleichartigen Elementen.
- **Kiemen:** Atmungsorgane bei Fischen und anderen Wassertieren.
- **Knorpel:** geschmeidiges, widerstandsfähiges organisches Gewebe, das weniger hart als Knochen ist.
- **kriechen:** Fortbewegung auf dem Boden ohne Zuhilfenahme von Gliedern.
- **lebend gebärend:** Die Jungen wachsen im Bauch der Mutter heran und sind, wenn sie geboren werden, voll entwickelt.
- **Lunge:** wichtigstes Atmungsorgan im Brustkorb von landbewohnenden Tieren.
- **Wirbelkanal:** von den Wirbeln gebildeter Kanal, der das Rückenmark enthält.

Wenngleich die Gruppe der Wirbeltiere weniger zahlreich als die der Wirbellosen ist (weniger als 50 000 Arten im Vergleich zu über einer Million), bilden sie ein **homogenes** Ganzes von Tieren, die gemeinsame **anatomische** Merkmale aufweisen. Sie verdanken ihren Namen dem Vorhandensein eines Skeletts aus Knochen (oder bei bestimmten Fischen aus **Knorpel**), dessen wesentlicher Bestandteil die Wirbelsäule ist. Alle besitzen ein Nervensystem; es besteht aus einem Vorderteil, dem **Gehirn** in der Hirnschale, und einem rückwärtigen Teil, dem Rückenmark in einer Höhlung (**Wirbelkanal**), die von der Gesamtheit der Wirbel gebildet wird. Außerdem weisen sie einen Kreislauf auf, bestehend aus Herz und Blutgefäßen (Arterien und Venen), in denen der bei der Atmung benötigte Sauerstoff transportiert wird.

Entwickelte Tiere
Wirbeltiere sind die am höchsten entwickelten Tiere und sie stehen auch dem Menschen am nächsten (der ja auch ein Wirbeltier ist).

Außerdem sind die meisten Arten für den Menschen nützlich. Sie leben praktisch überall, im Wasser und auf dem Festland. Die ersten Wirbeltiere waren Fische; davon wurden bestimmte Arten Amphibien. Aus diesen Amphibien sind die Reptilien hervorgegangen und Vögel und Säugetiere wiederum aus Reptilien.

Klassifizierung der Wirbeltiere
Die Wirbeltiere werden in fünf Hauptgruppen oder Klassen eingeteilt; jede zeichnet sich durch eine besondere Lebensart und eine spezifische Anatomie aus.
- Im Paläozoikum vor 470 Millionen Jahren sind als Erstes die Fische entstanden. Diese Tiere sind Wasserbewohner und sie atmen mit **Kiemen**. Sie besitzen keine Beine, sondern Flossen und ihr Körper ist oft von Schuppen bedeckt. Fische sind die zahlreichsten und vielfältigsten Wirbeltiere: Es gibt ungefähr 25 000 Arten.
- Die Amphibien (Frösche, Molche und Salamander) haben sich vor 360 Millionen Jahren aus den Fischen entwickelt. Sie haben

Chapman-Zebras (*Equus burchelli chapmani*)

Wirbeltiere

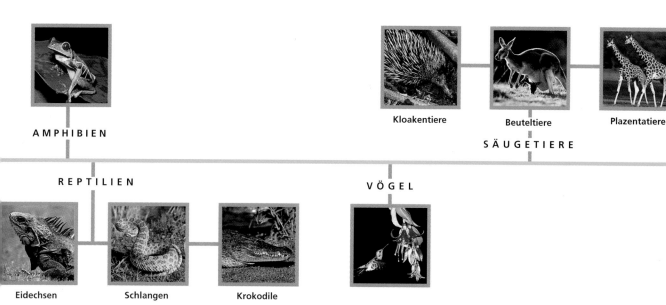

Kloakentiere **Beuteltiere** **Plazentatiere**

AMPHIBIEN

SÄUGETIERE

REPTILIEN

VÖGEL

Eidechsen Schlangen Krokodile

das Wasser verlassen und sich dem Festland angepasst. Als erste Wirbeltiere besitzen sie vier Beine; Jungtiere haben Kiemen, erwachsene Tiere **Lungen**. Im Gegensatz zu den Fischen ist ihre Haut nackt, das heißt schuppenlos. Es gibt nur 3 000 Arten und sie sind vor allem in feuchter Umgebung anzutreffen.

■ Gegen Ende des Paläozoikums vor 290 Millionen Jahren sind die Reptilien entstanden. Die meisten besitzen vier Beine, allerdings so angeordnet, dass sie den Körper nur schlecht tragen. Aus diesem Grund bewegen sie sich auf dem Boden **kriechend** vorwärts. Diese Art von Fortbewegung ist am besten bei den Schlangen zu beobachten, die Reptilien ohne Beine sind. Im Mesozoikum waren die Reptilien sehr zahlreich und vielfältig; deshalb nennt man diese Zeit das „Zeitalter der Reptilien" (oder der „Dinosaurier", welche die für diese Zeit typischen Reptilien waren). Heute hat sich davon nur eine kleine Zahl erhalten; dazu zählen Schildkröten, Krokodile, Eidechsen und Schlangen.

■ Die Vögel sind vor 150 Millionen Jahren entstanden. Der erste bekannte „Vogel", der Archäopteryx, war eigentlich eine Art gefiederter Dinosaurier, denn er wies Merkmale von Reptilien auf wie Zähne und einen langen Schwanz, gleichzeitig hatte er aber auch Federn wie ein Vogel. Heute gibt es etwa 8 000 Vogelarten; sie bewohnen alle Gegenden, sogar so kalte wie die Antarktis.

■ Die Säugetiere sind ungefähr zur selben Zeit entstanden wie die Dinosaurier: im Mesozoikum vor 200 Millionen Jahren, hervorgegangen aus eigenartigen, säugerähnlichen Reptilien. Aber erst im Tertiär vor ungefähr 65 Millionen Jahren, als die meisten Reptilien verschwunden waren, sind sie zahlreicher und vielfältiger geworden. Deshalb wird das Tertiär auch als „Zeitalter der Säugetiere" bezeichnet. Säugetiere erkennt man an ihrem behaarten Körper und am Vorhandensein von Brustdrüsen, die Milch für die Jungtiere produzieren. Im Gegensatz zu anderen, **Eier legenden** Wirbeltieren sind Säugetiere **lebend gebärend**: Sie bringen voll ausgebildete Junge auf die Welt. □

Von den Amphibien zu den Reptilien

Das Fossil dieses Tieres der Gattung *Seymouria* ist 290 Millionen Jahre alt. Sein abgeflachter Schädel ähnelt dem von Amphibien, aber seine Wirbel erinnern an Reptilien. Eine Untersuchung des Abdrucks hat ergeben, dass dieses Tier gehen konnte, aber sicher auch schwimmen.

Die Fische

Fische sind die ältesten Wirbeltiere. Sie leben beinahe in allen Gewässern auf unserem Planeten: im Süßwasser von Teichen, Seen und Flüssen und im Salzwasser von Meeren und Ozeanen.

- ☾ **Eier legend:** Fortpflanzung aus Eiern, die vor dem Schlüpfen gelegt wurden.
- ☾ **Kiemen:** Atmungsorgane von Fischen und anderen Wassertieren.
- ☾ **Kiemendeckel:** starre Falte bei Knochenfischen, die die Kiemen zu jeder Kopfseite bedeckt.
- ☾ **Kiemenspalte:** Spalt, der bei Haien und Rochen als Öffnung für die Kiemen dient.
- ☾ **lebend gebärend:** Die Jungen wachsen im Bauch der Mutter heran und sind, wenn sie geboren werden, voll entwickelt.
- ☾ **ovovivipar:** Bei dieser Art der Fortpflanzung bleiben die Eier bis zum Schlüpfen im Körper.
- ☾ **Plankton:** Gesamtheit von kleinen Tieren und Pflanzen, die im Wasser schweben.
- ☾ **Schwimmblase:** mit Gas gefüllter Sack, der es bestimmten Fischen erlaubt, sich im Wasser zu halten.
- ☾ **Spritzloch:** bei Fischen Öffnung an jeder Kopfseite.

Die ersten Wirbeltiere waren Fische. Sie sind vor 450 Millionen Jahren im Paläozoikum entstanden; damals besaßen sie ein rundes Maul, aber keine Kiefer. Fische kommen in den vielfältigsten Formen vor; heute stellen sie innerhalb der Wirbeltiere die größte Gruppe: Von insgesamt 50 000 Arten entfallen ungefähr 25 000 auf sie.

Anatomie und Lebensgewohnheiten

Nicht alle wasserbewohnenden Tiere sind Fische (der Wal ist zum Beispiel ein Säugetier). Aber alle Fische haben sich vorzüglich an das Leben im Wasser angepasst. Zum Fortbewegen bedienen sie sich ihrer Flossen, von denen sie zwei Paare (Brust- und Bauchflossen) auf jeder Körperseite besitzen. Hinzu kommen eine Schwanzflosse und, je nach Art, eine oder zwei weitere Flossen auf dem Rücken (Rückenflosse) und am Bauch (Afterflosse). Ein besonderes sackförmiges, gasgefülltes Organ, die **Schwimmblase**, erlaubt es ihnen, auf- und abzutauchen und sich im Wasser zu halten. Nur Haie und Rochen besitzen keine. Zum Atmen sind die Fische mit **Kiemen** ausgestattet, die bei den meisten Arten mit einem **Kiemendeckel** bedeckt sind. Sie liegen zu jeder Seite des Kopfes hinter dem Maul und filtern das durch das Maul aufgenommene Wasser; dabei entnehmen sie ihm den Sauerstoff, bevor sie es durch die **Spritzlöcher** wieder ausstoßen. Die Größe von Fischen hängt von der Art ab. Ihr Körper besteht aus

Dieses Neunauge (Lampetra planeri) hat einen runden Mund wie ein Saugorgan.

Anatomie eines Fisches:
Sonnenbarsch (Lepomis gibbosus)

Rückenflosse
Auge
Kiemendeckel
Spritzloch
Brustflosse
Bauchflosse

drei Teilen: Kopf, Rumpf und Schwanz. Die Haut bedecken mehr oder weniger zahlreiche Schuppen unterschiedlicher Größe. An den Seiten befindet sich die für den Strömungssinn zuständige Seitenlinie, mit deren Hilfe Fische sich orientieren. Bei bestimmten Fischen sind die Muskeln außerdem noch durch sehr feine Knochen, die „Gräten", getrennt.

Ernährung und Fortpflanzung

Viele Fische sind Raubfische (ihre Beute sind meistens andere Fische). Andere ernähren sich von Wasserpflanzen und wieder andere fressen Pflanzen und Tiere. Junge Fische und einige große Arten (wie der Riesenhai) sind Plankton-Fresser. Jede Art pflanzt sich auf ihre eigene Weise fort. Die meisten Fische sind Eier legend, das heißt ihre Jungen schlüpfen aus Eiern. Das Weibchen legt seinen Laich, die unbefruchteten Eier, im Wasser ab. Darüber gibt das Männchen seinen Samen, der in einer hellen Flüssigkeit,

Meerjunker *(Thalassoma pavo)*

Schwanzflosse

Afterflosse

der so genannten „Milch", enthalten ist. Die befruchtete Eizelle wird zum Ei, in dem sich ein Embryo entwickelt. Aus dem Laich im Wasser schlüpfen ganz kleine Fische. Bei einigen Arten (vor allem Haien und Rochen) paaren sich Männchen und Weibchen und die Embryos entwickeln sich im Körper des Weibchens entweder in Eiern (ovovivipare Fortpflanzung) oder sie erhalten ihre Nahrung direkt von ihrer Mutter (lebend gebärende Fortpflanzung). In beiden Fällen gebiert das Weibchen Jungfische.

Klassifizierung von Fischen

Die ersten Fische, die es auf der Erde gab, hatten ein rundes, kieferloses Maul. Heute existieren nur noch 70 Arten, die die Gruppe der Kieferlosen bilden. Am bekanntesten ist das Neunauge; es besitzt keine Schuppen und mit seiner länglichen Form erinnert es an einen Aal. Mit dem Maul heftet es sich an andere Fische, deren Blut es saugt.

Die anderen Fische teilen sich in zwei Gruppen: in Knochen- und in Knorpelfische. Die Erstgenannten haben ein Knochenskelett. Dazu zählen die primitiven Knochenfische, bei denen nur ein Teil des Skeletts aus Knochen ist wie bei den Quastenflossern (zum Beispiel Latimeria), Lungenfischen und Knorpelganoiden (wie Stör), aber auch die hoch entwickelten eigentlichen Knochenfische, deren Skelett vollständig aus Knochen gebildet wird.

Das Skelett der Knorpelfische besteht völlig aus durch Kalzium gehärtetem Knorpel; ihre wichtigsten Vertreter sind Haie und Rochen.

Primitive Knochenfische

Diese Fische, deren Skelett nicht völlig aus Knochen besteht, ähneln den ersten Fischen, die vor über 400 Millionen Jahren im Paläozoikum lebten. Der bekannteste ist der Quastenflosser; seine Flossen erinnern an Beine.

Das ist auch der Fall bei den Lungenfischen; sie sind in warmem, sumpfigem Süßwasser anzutreffen. Es sind Nachfahren von Fischen, die vor Millionen von Jahren lebten; heute findet man sie noch in Afrika, Australien und Südamerika.

Auch Störe zählen zu den primitiven Fischen. Sie besitzen keine Schuppen, dafür aber fünf Reihen Knochenschilder, die ihnen als Harnisch dienen. ☐

Ein lebendes Fossil: der Quastenflosser

Der Quastenflosser *(Latimeria chalumnae)* ist ein primitiver Knochenfisch mit großen Augen und einem großen Maul, dessen Flossen an Beine erinnern. Man glaubte, dass er seit 60 Millionen Jahren ausgestorben sei. Doch im Indischen Ozean und in Flüssen Afrikas lebt er noch heute.

Der Stör

Es gibt 23 Arten von Stören in allen Größen, darunter die französische Art *Acipenser sturio* (unten), die heute selten geworden ist. Dieser primitive Knochenfisch bewohnt die Meere der nördlichen Erdhalbkugel; zum Laichen steigt er in Flüsse auf. Die von den Weibchen gelegten Eier sind als Kaviar geschätzt.

Schwarm von Heringen *(Clupea harengus)*

Knochenfische

Bunte Fische in tropischen Meeren

Der Imperatorfisch *(Pomancanthus imperator)* lebt im Roten Meer vor dem Sudan. Er hat ein buntes Farbkleid wie alle Fische, die die Riffe in tropischen Meeren bewohnen.

Der Rotfeuerfisch

Dieser Fisch *(Pterois volitans)* lebt im Indischen Ozean und im Pazifik; er hat einen gedrungenen Körper und an seinem Kopf sitzen Strahlen mit Giftdrüsen an der Basis.

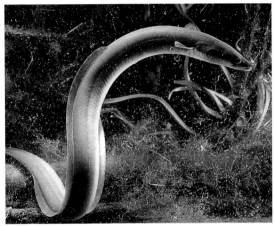

Aal *(Anguilla anguilla)*

Karpfen *(Cyprinus carpio)*

Die Gruppe der Knochenfische (Teleostei) umfasst über 20 000 Fischarten unter den 25 000 Arten, die es überhaupt gibt. Diese Fische, deren Skelett vollständig aus Knochen besteht, sind vor 300 Millionen Jahren am Ende des Paläozoikums entstanden.

Merkmale und Klassifizierung

Die Knochenfische, zu denen so verschiedene Vertreter wie Muräne, Seezunge und Seeteufel gehören, besitzen alle eine symmetrische Rückenflosse und sie sind mit feinen Schuppen bedeckt (abgesehen von seltenen Ausnahmen wie Aal und einige Karpfen).

Man unterscheidet mehrere Gruppen von Knochenfischen. Zu den Aalen gehören Fische, die jung (Larven) völlig anders aussehen als erwachsen. Zu den Heringen zählen in Schwärmen lebende Fische. Die Gruppe der Karpfen umfasst praktisch nur Süßwasserfische, bei den Barschen und Thunfischen haben einige Flossen mit harten Stachelstrahlen (deshalb auch „Strahlenflosser" genannt); diese Gruppe ist die wichtigste unter den Knochenfischen.

Aale: Wanderungen und Verwandlung

Der Aal schlüpft als abgeflachte Aallarve, aus der vorübergehend ein so genannter „Glasaal" wird. Im erwachsenen Zustand hat er einen länglichen, glatten, im Allgemeinen schuppenlosen Körper sowie eine durchgehend lange Flosse auf dem Rücken. Er lebt in Flüssen und Teichen in Europa oder Amerika und verlässt sie, um im Sargasso-Meer (im Atlantik nördlich der Antillen) zu laichen. Nach der Fortpflanzung stirbt er.

Die Aallarven nehmen auf ihrer Wanderung zurück durch den Atlantik allmählich ihre endgültige längliche Form an. Später wandern sie zur Fortpflanzung wieder ins Sargasso-Meer.

Heringe: ein Leben im Schwarm

Heringe bewohnen die Nord- und die Ostsee und den Ärmelkanal. Im erwachsenen Zustand haben sie einen hellen Bauch und einen dunkleren blauen oder schwärzlichen Rücken. Wie Sardinen und Alsen leben sie in Schwärmen, das heißt in Gruppen von mehreren tausenden von Einzelfischen. Das

Der Große Thunfisch *(Thunnus thynnus)* des Atlantiks

ist ein wirksames Schutzmittel, das ihre Feinde abschreckt. Bei einem Angriff stiebt der Schwarm sofort auseinander.

Karpfen: ein Süßwasserfisch

Zu den Karpfen zählen mehrere tausend Arten, die über die ganze Erde verteilt sind. Diese Süßwasserfische haben große Schuppen; ihre Zähne sitzen nicht im Kiefer, sondern im Hals. Sie können das Maul nach vorn bewegen, um Nahrung einzusaugen. Zahlreiche Karpfenformen sind im ruhigen Flusswasser, in Teichen und Seen in Asien und Europa anzutreffen. Je nach Art unterscheiden sie sich in Gestalt und Farbe. Einige haben mehrere große Schuppen wie der Spiegelkarpfen oder überhaupt keine wie der Lederkarpfen. Diese Fische lassen sich gut züchten; von den Züchtern wurden überdies

viele Formen geschaffen. Karpfen ernähren sich im Allgemeinen von Pflanzen und Wirbellosen.

Wann die Fortpflanzung erfolgt, hängt von der Wassertemperatur ab, die nicht zu kühl sein darf (mindestens 20 °C). Die Weibchen legen mehrere tausend Eier ab. Die schlüpfenden Jungfische dienen anderen Fischen und oft sogar erwachsenen Karpfen als Beute.

Barsche und Thunfische: Fische mit Flossenstrahlen

Die Gruppe der Fische mit Flossenstrahlen (oder Strahlenflosser) gibt es seit ungefähr 60 Millionen Jahren. Die typischsten Vertreter dieser Gruppe sind die Barsche mit ihren mit harten Strahlen versehenen Flossen, deren große Rückenflosse richtig stachlig ist. Sie bewohnen Seen und Wasserläufe in Europa und den Vereinigten Staaten. Als Nahrung dienen ihnen Wirbellose und kleine Fische sowie die eigenen Jungtiere. Andere Fische dieser Gruppe wie Thunfisch und Schwertfisch bewohnen das Meer. Beide sind ausgezeichnete Schwimmer, die eine Geschwindigkeit von bis zu 100 km/Stunde erreichen können. Thunfische haben ein Gewicht von bis zu 500 kg und sie sind große Raubtiere. Als einzige unter den Fischen können sie ihre Körpertemperatur über der des Wassers halten. Der Weiße Thunfisch mit weißem Fleisch bewohnt den Pazifik. Der Große Thunfisch mit rotem Fleisch bewohnt vor allem das Mittelmeer und den Atlantik. ☐

Der Flussbarsch *(Perca fluviatilis):* ein Süßwasserfisch mit Flossenstrahlen

Das Seepferdchen

Trotz seiner eigentümlichen Form zählt das Seepferdchen *(Hippocampus ramulosus)* durchaus zu den Fischen. Es behält stets seine senkrechte Haltung bei, gleichgültig, ob es schwimmt oder schläft. Seinen Körper bedeckt ein richtiger Harnisch, gebildet aus gegliederten Knochenplatten. Mit dem Schwanz hält es sich an verschiedenen Stützen (Algen, Korallen) fest. Sein zahnloses, röhrenförmiges Maul erlaubt ihm lediglich das Ansaugen ganz kleiner Nahrungspartikel. Die Fortpflanzung ist beim Seepferdchen ungewöhnlich: Das Männchen hat eine Bauchtasche, in die das Weibchen seine Eier ablegt; nach einigen Wochen bringt das Männchen dann die Jungen auf die Welt, indem es sie ausstößt.

61

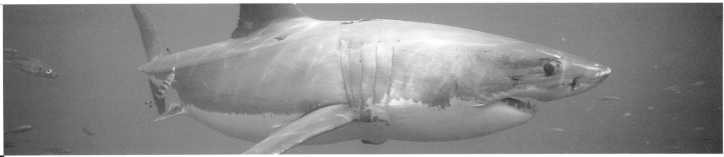

Weißer Hai *(Carcharodon carcharias)*

Knorpelfische: Haie und Rochen

Ein Fleischfresser: der Sandtigerhai

Der Sandtigerhai *(Eugomphodus taurus)* mit der spitzen Schnauze und den eindrucksvollen Zähnen ernährt sich von Fischen (kleinen Haien, Rochen usw.). Er wird bis zu 3,6 m lang. Zwar bezeichnet man ihn oft als „Schrecken der Meere", in Wirklichkeit ist er aber kaum aggressiv.

Ein harmloser Riese: der Walhai

Trotz seiner Größe und seiner mit 3 000 kleinen Zähnen bewehrten Schnauze ist der Walhai *(Rhincodon tupus)* für den Menschen ungefährlich: Er ernährt sich ausschließlich von Plankton.

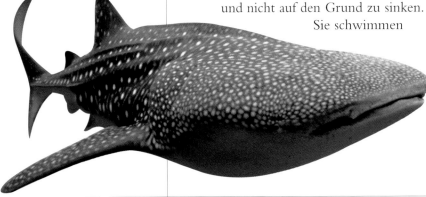

Haie und Rochen sind die Hauptvertreter der Gruppe der Knorpelfische, die vermutlich vor über 410 Millionen Jahren entstanden ist. Wie schon der Name besagt, besteht ihr Skelett aus Knorpel; dieser flexible Stoff erhärtet, wenn er mit Kalzium durchtränkt wird. Dadurch wird er so fest wie Knochen.

Knorpelfische bewohnen in großer Zahl gemäßigte und tropische Meere. Sie atmen durch ihre **Kiemen**, die durch mehrere **Kiemenspalten** hinten am Kopf direkt mit der Außenwelt verbunden sind, Wasser ein. Man zählt ungefähr 550 Arten, davon sind 370 Haiarten. Bei den übrigen handelt es sich um Rochen mit einem typisch flachen Körper.

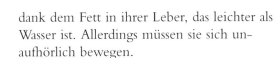

Anatomie und Lebensgewohnheiten der Haie

Der Großteil der Haie sind ausgezeichnete Schwimmer: Ihr Körper wird von einer großen asymmetrischen Schwanzflosse angetrieben (sie ist oben breiter als unten). Ähnlich wie die Flügel eines Flugzeugs stabilisieren Brustflossen an jeder Seite den Körper. Mit Hilfe einer großen Rückenflosse können sie die Richtung, in der sie sich vorwärts bewegen, beibehalten. Im Gegensatz zu anderen Fischen besitzen Haie keine **Schwimmblase**, um sich im Wasser zu halten und nicht auf den Grund zu sinken. Sie schwimmen dank dem Fett in ihrer Leber, das leichter als Wasser ist. Allerdings müssen sie sich unaufhörlich bewegen.

Bei den heutigen Haien öffnet sich die Schnauze nach unten; sie ist mit Zähnen besetzt, die sich unaufhörlich erneuern. Ihr Oberkiefer sitzt nicht fest am Schädel, sondern ist nur gegliedert, sodass sie ihre Schnauze ganz weit öffnen können. Für die Fortpflanzung paaren sich männliche und weibliche Haie. Bei einigen Arten legen die Weibchen Eier, die im Wasser reifen. Bei anderen wachsen die Embryos im Inneren der Mutter, die dann kleine Haie gebiert. Haie werden oft von kleineren Fischen begleitet, die in ihrem Kielwasser schwimmen oder die sich befördern lassen, indem sie sich mit einem Saugorgan an sie heften; dabei schnappen sie Nahrungsreste auf. Auch wenn man sie als „Lotsenfische" bezeichnet, dienen sie keineswegs als Lotsen. Einige (die Putzerfische) reinigen den Hai von kleineren Schmarotzern.

Große und kleine Haie

Haie gelten als blutrünstig und sind selbst für den Menschen gefährlich. Zwar stimmt es, dass Badende an bestimmten Küsten vor allem in Australien und Florida auf der Hut sein müssen, aber nur wenige Arten werden

Der Dornrochen *(Raja clavata)*, ein Bewohner des Atlantiks

Ein Fleisch fressender Hai:
der Blauhai *(Prionace glauca)*

Rochen

Rochen haben einen ganz flachen, rhomben-förmigen Körper, mit dem die beiden großen Brustflossen verwachsen sind. Im Kopf sitzen zwei große runde Augen und zwei Spalten, durch die mit Sauerstoff angereichertes Wasser eintritt, das anschließend durch Kiemenspalten am Bauch hinter dem Maul ausgestoßen wird. Mit ihren sehr harten Pflasterzähnen können sie Beute wie Weich-tiere, Krebstiere und Seeigel knacken. Rochen bewohnen vor allem gemäßigte Meere. Meistens ruhen sie auf dem Meeres-grund flach auf dem Sand oder Schlamm und sind so kaum erkennbar. Der Dornrochen ist zum Beispiel im Mittelmeer und Atlantik in einer Tiefe von bis zu 300 m anzutreffen. Zur Fortpflanzung legen Rochen rechteckige Eier.

Elektrische Rochen: der Zitterrochen

Zitterrochen wie dieser *Torpedo marmorata* ernähren sich von anderen Fischen, die sie mit elektrischen Schlägen lähmen. Diese werden von Organen erzeugt, die sich hinter dem Kopf gleich unter der Haut befinden.

wirklich gefährlich. So ist der Weiße Hai, der bis zu 8 m lang wird und in allen Meeren zu Hause ist, tatsächlich ein Fleischfresser, der sich von großer Beute wie Seeschildkröten, Seevögeln, Seehunden, kleinen Tümmlern und dergleichen ernährt. Dasselbe gilt für den Tigerhai, einen Bewohner gemäßigter und tropischer Meere, und den Blauhai, der eher in gemäßigten Meeren beheimatet ist. Auch andere Arten können gefährlich wer-den wie z. B. der Hammerhai, bei dem die Augen zu jeder Seite eines sehr abgeflachten Kopfes sitzen und der sich von Knochen-fischen, anderen Haien, Kalmaren, Kraken usw. ernährt.

Es gibt Haie jeder Größe. Über die Hälfte der 370 Arten sind unter einem Meter lang. Das ist zum Beispiel beim Hundshai der Fall. Der kleinste bekannte Hai *(Squaliolus laticaudus)* misst gerade einmal 15 cm. Die beiden Riesen sind der Walhai (der größte Fisch der Welt), der bei einer Länge von 18 m mehr als 40 t wiegt, und der Riesenhai, der bei einem Gewicht von 4 t immerhin 10 m misst. Auch wenn sie wirklich Furcht einflößend aussehen, sind beide doch ungefährliche **Plankton-**Fresser.

Die meisten Rochen sind ungefährlich. Trotz seines großen Umfangs begnügt sich der Manta damit, auf der Suche nach Nahrung (kleinen Fischen und Plankton) im Meer herumzuschwimmen. Oft vollführt er ein-drucksvolle Sprünge bis zu 2 m über dem Wasser. Aber es gibt auch einige gefährliche Rochen: Einer davon ist der Stachelrochen: Seine Rückenflosse ist mit einem Giftstachel versehen. ☐

Der Manta

Der Manta oder „Teufels-rochen" besitzt Hörner, die seine Brustflossen verlängern. Dieser hier *(Manta birostris)* ist mit einer Spannweite von 7 m und einem Gewicht von 2 t ein Hochseeriese.

Die Amphibien

Vor 350 Millionen Jahren ähnelten Tiere zwar noch Fischen, aber sie hatten das Festland erobert und ihnen waren Lungen gewachsen. Aus Flossen wurden Beine: Die ersten landlebenden Wirbeltiere sind Amphibien.

◐ **Apoden oder Fußlose:** Bezeichnung für verschiedene Tiergruppen, darunter auch Amphibien (Blindwühlen), für die fehlende Beine und ein länglicher Körper typisch sind.

◐ **Carnivor:** Lebewesen , das sich hauptsächlich von Fleisch ernährt.

◐ **Kaulquappe:** Larve von Amphibien wie Frosch, Kröte, Salamander usw. Die Kaulquappe hat einen ovalen oder runden Körper, der wie ein dicker Kopf aussieht, an dem ein Schwanz hängt. Ihre Kiemen, durch die sie atmet, werden später von Lungen ersetzt.

◐ **Kiemen:** Atmungsorgane bei Fischen und anderen Wassertieren.

◐ **Lunge:** im Brustkorb liegendes Hauptatmungsorgan.

◐ **Metamorphose:** Gesamtheit der Verwandlungen, die bestimmte Tiere durchmachen, bevor sie ausgewachsen sind.

◐ **Toxin:** als Schutz vor möglichen Feinden von einem Tier oder einer Pflanze erzeugtes Gift.

Ein Molch: der Bergmolch
(Triturus alpestris)

Frösche, Laubfrösche, Kröten, Salamander und Molche bilden die Gruppe der Amphibien, die einen Teil ihres Lebens im Wasser und einen Teil auf dem Festland verbringen. Früher bezeichnete man sie als Lurche. Alle Amphibien entwickeln sich auf dieselbe Art. Die Weibchen legen ihre Eier im Wasser ab, aus denen **Kaulquappen** schlüpfen. Im Wasser atmen sie zunächst durch **Kiemen**. Danach machen sie eine **Metamorphose** durch: Ihre Kiemen verschwinden allmählich und werden von **Lungen** ersetzt, mit denen sie auf dem Festland leben können. Als erwachsene Tiere atmen sie auch durch ihre feine, stets feuchte Haut. Aus diesem Grund vertragen Amphibien Trockenheit nur sehr schlecht.
Es gibt 3 000 Amphibienarten. Man ordnet sie zwei Hauptgruppen zu: den Urodelen (Molche und Salamander), die einen Schwanz haben (Schwanzlurche), und den

Anuren (Frösche, Laubfrösche und Kröten), die keinen Schwanz besitzen (Froschlurche). Daneben gibt es auch einige Amphibien, die weder Schwanz noch Beine haben: Das sind die **Apoden** (Fußlose) oder Blindwühlen.

Salamander und Molche: die Schwanzlurche

Schwanzlurche (Salamander und Molche) haben einen länglichen Körper, der in einem langen Schwanz ausläuft, und vier kurze, gleich lange Beine. An den Händen haben sie vier Finger, an ihren Füßen fünf; damit können sie sich gehend fortbewegen. Sie sind überwiegend auf der nördlichen Erdhalbkugel beheimatet. Um sich fortzupflanzen, legen sie eine sehr große Zahl kleiner Eier. Salamander haben einen zylindrischen Schwanz und sind als erwachsene Tiere überwiegend bodenbewohnend. Einige halten sich dort sogar während ihres gesamten Lebens auf wie der gelb und schwarz gemusterte Salamander, der nur zum Eierlegen ins Wasser geht. In Amerika bewohnen einige Salamanderarten die Wälder. Sie legen die Eier nicht im Wasser, sondern auf feuchten Baumstämmen ab. Molche haben im Allgemeinen einen flachen, senkrechten Schwanz. Im Gegensatz zu den Salamandern sind sie auch als ausgewachsene Tiere Wasserbewohner. Generell unterscheidet man zwischen Echtem Molch, der in Europa beheimatet ist, und amerikanischen Molchen. Alle sind wasserbewohnend. Nur selten verlassen sie das Wasser oder aber sie entfernen sich nicht allzu weit davon.

Frösche, Laubfrösche und Kröten: die Froschlurche

Die Froschlurche (Frösche, Kröten und Laubfrösche) sind mit ungefähr 2 600 Arten vertreten. Sie haben einen gedrungenen,

Laubfrösche mit roten Augen *(Agalychnis callidryas)* aus Südamerika

Erdkröte *(Bufo bufo)*

Von der Kaulquappe zum Frosch:

Von oben nach unten:
1. Die Embryos entwickeln sich in den Eiern.
2. Die Kaulquappen schlüpfen.
3. Schwanz und Hinterbeine werden sichtbar.
4. Das letzte Stadium vor dem Leben auf dem Festland; bald verliert das Tier seinen Schwanz.

schwanzlosen Körper und vier ungleich lange Beine: Die Hinterbeine sind länger als die Vorderbeine; deswegen können sie sich springend fortbewegen. Um sich fortzupflanzen, legen sie eine Vielzahl noch kleinerer Eier als Molche und Salamander. Frösche haben eine glatte, feuchte Haut und verbringen den größten Teil ihres Erwachsenenlebens im Wasser. Sie sind **Carnivoren:** Als Nahrung dienen ihnen Insekten und Wirbellose. Frösche in gemäßigten Breiten wie der Ochsenfrosch sind ungiftig; dagegen geben die südamerikanischen Pfeilgiftfrösche durch die Haut sehr starke Toxine ab, mit denen die Indianer früher ihre Pfeile vergifteten. Laubfrösche ähneln Fröschen sehr stark, aber ihre Finger enden in Haftscheiben, mit denen sie sich an Ästen festhalten können.

Fliegende Laubfrösche können sich dank ihrer fächerförmigen Finger von einem Baum zum anderen schwingen. Kröten haben eine trockene, warzige Haut: Das sind die Giftdrüsen. Im Gegensatz zu Fröschen und Laubfröschen sind sie eher landbewohnend. Da sie weniger gewandt sind als die anderen Froschlurche, bewegen sie sich eher gehend als springend fort. Sie ernähren sich von Insekten. Die ursprünglich in Südamerika beheimatete Riesenkröte (25 cm) wurde zur Insektenbekämpfung in die Vereinigten Staaten gebracht. In Europa ist die Erdkröte die am häufigsten vorkommende Art. □

Der Ochsenfrosch *(Rana catesbeiana)* wird bis zu 20 cm lang.

Die Reptilien

Reptilien sind die ersten landbewohnenden Wirbeltiere. Sie sind vor über 300 Millionen Jahren entstanden und bevölkern das Festland, die Meere und die Luft. Viele wie die Dinosaurier sind heute verschwunden.

- **Bauchschild:** Bauchpartie des Schildkrötenpanzers.
- **Brutzeit:** Zeit, in der Eier bis zum Schlüpfen ausgebrütet werden.
- **Eier legend:** Fortpflanzung aus Eiern, die vor dem Schlüpfen gelegt wurden.
- **Häutung:** bei bestimmten Tieren das Wechseln der Haut.
- **Kamm:** Hautlappen, der den Kopf bestimmter Tiere (Eidechsen, Vögel) ziert.
- **lebend gebärend:** Die Jungen entwickeln sich im Bauch der Mutter und kommen fertig auf die Welt.
- **ovovivipar:** Fortpflanzung durch Eier, die bis zum Schlüpfen im Körper aufbewahrt werden.
- **Rückenschild:** Rückenpartie des Schildkrötenpanzers.

Am Ende des Paläozoikums vor ungefähr 250 Millionen Jahren gab es zahlreiche verschiedene Reptilienarten, darunter auch fliegende Reptilien und Dinosaurier, die heute verschwunden sind. Gegenwärtig kennt man 6 000 Arten; sie bewohnen vor allem die tropischen Regionen, einige auch die gemäßigten Zonen.

Merkmale und Klassifizierung der Reptilien

Reptilien sind dank mehrerer Merkmale ausgezeichnet an das Leben auf dem Festland angepasst. Sie besitzen Lungen, mit denen sie atmen, und sie haben eine mit Hornplatten bedeckte, trockene Haut, die sie vor Wasserverlust durch Verdunsten bewahrt. Im Laufe ihres Wachstums vergrößern sich diese Hornplatten, erneuern sich und lösen sich ab; darunter kommen neue zum Vorschein: Das ist die **Häutung**. Reptilien können ihre Körpertemperatur nicht steuern. Um ihren Körper zu erwärmen, müssen sie sich deshalb in die Sonne legen oder sich vor ihr schützen, um Überhitzung zu vermeiden. Sie sind Eier legend, doch bestimmte Arten wie Blindschleiche und Kreuzotter sind **ovovivipar**: Unmittelbar nach der Eiablage schlüpfen die voll ausgebildeten Jungen. Heute sind die Reptilien durch drei Hauptgruppen vertreten: die der Schildkröten, die der Krokodile und die der Eidechsen und Schlangen – der wichtigsten Gruppe.

Schildkröten

Man kennt ungefähr 250 Schildkrötenarten. Sie haben einen dicken, kurzen Körper, den ein mit Hornschuppen besetzter Knochenschild schützt. Dieser Schild besteht aus zwei miteinander verbundenen Teilen: dem **Rückenschild** und dem **Bauchschild**. Der Panzer wächst während des gesamten Lebens des Tieres. Er dient ihm als Schutz und Zufluchtsort, denn die meisten Schildkröten können Kopf, Beine und Schwanz einziehen. Schildkröten besitzen keine Zähne, aber einen Hornschnabel, mit dem sie ihre Nahrung sehr geschickt knacken und zerkleinern können. Sie legen Eier. Man unterscheidet Süßwasser-, Meeres- und Landschildkröten. Die Süßwasserschildkröten wie die Florida-Schildkröte sind im Allgemeinen klein und haben einen abgeflachten Schild. Die Meeresschildkröten mit ihren ruderförmigen Vorderfüßen sind ausgezeichnete Schwimmer. Sie ernähren sich von Weichtieren, Krebsen und Krabben. Die größte Art, die Lederschildkröte (500 kg und 2 m lang), bewohnt die Hochsee. Landschildkröten ernähren sich von Blättern und Gräsern. Sie bewegen sich fort, indem sie auf ihren vier Beinen gehen. Sie können sehr lange leben: die riesigen Galapagos-Schildkröten werden bis zu 150 Jahre alt.

Eine 1,20 m große Riesenlandschildkröte: die Galapagos-Schildkröte (*Testudo elephantopus*)

Nilkrokodil *(Crocodylus niloticus)*

Ganges-Gavial *(Gavialis gangeticus)* **auf der Lauer**

Krokodile: die Panzerechsen

Krokodile bilden die Gruppe der Panzerechsen. Sie haben einen länglichen, mit Hornplatten bedeckten Körper, der in einem mächtigen Schwanz ausläuft. In ihrer langen Schnauze befinden sich scharfe Zähne. Zur Fortbewegung gehen sie auf ihren vier Beinen, aber sie verbringen einen Großteil ihrer Zeit im Wasser. Dank ihres langen Schwanzes, der ihnen als Ruder und zum Wedeln dient, sind sie gute Schwimmer. Diese Reptilien legen ihre Eier am Boden in ein Nest aus Schlamm und Pflanzenresten: Sie werden mit Hilfe der Sonnenwärme ausgebrütet.

Krokodile sind Fleischfresser und jagen alle Arten von Tieren. Im Wasser verharren sie völlig unbeweglich in Lauerstellung: Nur ihre Augen und ihre im Oberkopf gelegenen Nasenlöcher schauen heraus. Auf diese Weise überraschen sie am Ufer Beutetiere so groß wie ein Zebra! Die 22 Krokodilarten sind in drei Gruppen eingeteilt: eigentliches Krokodil, Alligator und Kaiman und schließlich Gavial, von dem es nur eine Art gibt.
Das eigentliche Krokodil erkennt man an der spitzen Schnauze und der Stellung der Zähne, die auch bei geschlossener Schnauze sichtbar sind. Das Krokodil ist in Nordaustralien und Südostasien, in Afrika (Nilkrokodil), in Asien, Indien, in den Antillen sowie in Mittel- und Südamerika beheimatet.
Bei den Alligatoren und Kaimanen sind bei geschlossener Schnauze nur die Zähne der oberen Reihe zu sehen. Alligatoren bewohnen den Südosten der Vereinigten Staaten (Mississippi-Alligator) und China, der Kaiman Mittel- und Südamerika. Der Ganges-Gavial unterscheidet sich durch seine sehr schmale, zylindrische Schnauze von den anderen Krokodilen. Er ernährt sich nur von Fischen und bewohnt den Ganges und einige andere Flüsse Indiens. ☐

Süßwasserschildkröte

Diese Florida-Schildkröte *(Chrysemys scripta elegans)* hat einen abgeflachten Panzer und gefächerte Beine. Sie ist ein Vielfraß und wird etwa dreißig Zentimeter groß.

Die Fortpflanzung bei den Schildkröten

Die Schildkröte legt ihre Eier in ein Loch am Boden, dann geht sie. Wenn die Jungen wie dieses hier *(Testudo hermanni)* schlüpfen, müssen sie allein zurechtkommen.

Mississippi-Alligatoren *(Alligator mississipiensis)* wärmen sich in der Sonne.

Smaragdeidechse (*Lacerta viridis*)

Eidechsen und Schlangen

Eidechsen (oder Echsen) und Schlangen sind überwiegend bodenbewohnende Reptilien mit einem länglichen, schuppenbedeckten Körper. Schlangen besitzen keine Beine, Eidechsen dagegen vier. Von den Zoologen wurden sie in der Gruppe der Schuppenkriechtiere zusammengefasst.

Die Familie der Eidechsen: die Echsen

Eidechsen sind meist tagaktiv und sie ernähren sich von Insekten und Würmern. Außer der Meerechse auf den Galapagos sind alle bodenbewohnend. Sie besitzen einen mehr oder weniger langen Schwanz. Im Allgemeinen laufen ihre vier Beine in Klauen aus; einige haben aber nur zwei Beine und wieder andere wie die Blindschleiche überhaupt keine. Ihre Pupillen sind beweglich. Bei der Häutung löst sich ihre Haut fetzenweise.

Eidechsen sind meist Eier legend, seltener lebend gebärend. Die ersten Eidechsen sind vor 180 Millionen Jahren entstanden. Heute zählt man 3 000 Arten, die sich in mehrere Familien teilen: die eigentliche Eidechse, die in Europa, Asien und Afrika lebt; das Chamäleon, das man in Afrika findet, und die Leguane, die auf dem amerikanischen Kontinent beheimatet sind.

Die eigentlichen Eidechsen wie die Smaragdeidechse haben einen länglichen Körper und gut ausgebildete Beine; damit können sie sich sehr geschickt fortbewegen. Sie haben die Besonderheit, dass sie ihren Schwanz an einer vorgebildeten Stelle abwerfen können, um einem Feind zu entkommen. Das Chamäleon kann dagegen zur Tarnung seine Farbe wechseln. Es hat einen Greifschwanz, den es um einen Ast rollen kann, um so Halt zu finden. Seine Augen bewegen sich unabhängig voneinander. Leguane ähneln kleinen Drachen. Im Allgemeinen haben sie einen **Kamm** auf dem Rücken. Oft ist ihr Schwanz größer als ihr Körper. Die recht langen Finger enden in Klauen.

Klassifizierung der Schlangen

Bei Schlangen wird die gesamte Haut auf einmal abgestreift. Ihre Augen haben keine Lider und sie sind taub, denn ihnen fehlt ein Trommelfell. Dennoch können sie dank kleiner Knochen in ihrem Kopf schrille Töne und Schwingungen wahrnehmen; so spüren sie ihre Beute auf. Ihr nur locker mit dem Schädel verbundener Kiefer öffnet sich sehr weit, sodass sie Tiere, die größer als sie selbst sind, verschlingen können (ohne sie zu zerkauen!). Die ersten Schlangen entstanden vor 130 Millionen Jahren. Damals besaßen sie vier Beine und zwei Lungen. Heute kennt

Der Flugdrachen

Diese Eidechse (*Draco volans*) aus Südostasien ist heute zusammen mit der Flugnatter das noch einzige fliegende Reptil. Dank der Hautmembran, die der Flugdrachen an seinen Seiten entfaltet, kann er einige Meter von einem Baum zum anderen segeln.

Das Chamäleon

Wie fast alle seiner Art kann auch dieses Pantherchamäleon (*Chamaeleo pardalis*) Insekten mit seiner langen, klebrigen Zunge fangen. Diese Echsen sind vor allem in Madagaskar und Afrika beheimatet.

Eine urtümliche Schlange: der Hundskopfschlinger
(Corallus caninus)

man 3 000 Arten, die in zwei Gruppen geteilt werden: die urtümlichen Schlangen, die
noch immer zwei Lungen haben und deren
Skelett Spuren der Beine ihrer Vorfahren aufweisen, und die entwickelten Schlangen, die
nur eine einzige Lunge, aber keine Spuren
von Beinen mehr besitzen.

Urtümliche Schlangen: Python und Boa

Python und Boa, beides typische urtümliche
Schlangen, haben zahlreiche Gemeinsam-
keiten. Sie bewohnen Bäume und bei der
Jagd lassen sie sich auf ihre Beute fallen,
die sie ersticken, indem sie sich um sie
winden. Nur der Python hat winzige
Hinterbeine (2 cm bei einem 4 m
langen Python). Er kommt ausschließlich in Afrika vor, während die

Boa auf der ganzen Erde beheimatet ist. Die
bekannteste dieser Art, die Anakonda, die bis
zu 10 m messen kann, lebt im Amazonas-
Becken in Südamerika.

Nattern und Giftschlangen

Die ungiftige Natter und Giftschlangen
wie Viper, Klapperschlange und Kobra, die
besondere, mit einer Giftdrüse verbundene
Hohlzähne haben, gehören zu den entwickelten Schlangen.
Nattern ernähren sich im Wesentlichen von
Nagetieren. Die Ringelnatter (bis zu 2 m),
die überall außer in Amerika anzutreffen
ist, bewohnt feuchte Orte; sie kann
schwimmen und jagt Frösche und Fische.
Vipern leben in Europa, Asien und Afrika.
Die häufigsten sind Kreuzotter und Aspisviper. Klapperschlangen sind in Amerika
oft in Wüstenregionen anzutreffen. Ein
empfindliches Organ auf dem Kopf erlaubt es ihnen, allein durch das Wahrnehmen der abgegebenen Wärme eine
Beute aufzuspüren, ohne sie zu sehen. Ihre
„Klapper" besteht aus Hornringen, die
vibrieren, sobald die Viper ihren Schwanz
bewegt; damit gibt sie das Zeichen für einen
Angriff. Kobras wie die gefährlichen Hut-
bzw. Brillenschlangen sind in Asien und
Afrika häufig. Sie sind
die gefährlichsten
unter den Gift-
schlangen. □

Die Form des Kopfes bei Viper und Natter

Vipern wie diese Aspisviper
(Vipera aspis) haben einen
abgeflachten Kopf mit kleinen
Schildern und Augen mit
einer schmalen, spaltartigen
Pupille.

Aspisviper

Ringelnatter

Bei den Nattern wie dieser
Ringelnatter *(Natrix natrix)*
ist der Kopf dagegen runder
und mit größeren Schildern
bedeckt. Die Augen haben
runde Pupillen.

Eine Giftschlange: die Klapperschlange

Diese Klapperschlange
(Crotalus atrox, links) ist in
den Vereinigten Staaten und
in Mexiko beheimatet. Sobald
sie eine Beute wahrnimmt,
rollt sie ihren Körper ein,
richtet Kopf und Hals auf und
beißt dann schnell zu, um
die Beute anschließend
vollständig zu verschlin-
gen. Sie greift vor allem
kleine Säugetiere an.

Das Chamäleon

Dieses Riesenchamäleon *(Chamaeleo cristatus)*, das die Wälder auf Madagaskar bewohnt, misst 65 cm. Das Reptil ernährt sich von Insekten. Es verharrt unbeweglich auf seinem Ast und späht mit seinen sehr beweglichen Augen nach Beute. Dann lässt es mit äußerster Präzision und Schnelligkeit seine Zunge vorschnellen, die wie ein langes Rohr aussieht, das in einer Keule ausläuft. Es betäubt das Insekt schlagartig. Das Opfer hängt in einer klebrigen Masse, die vom äußersten Zungenende abgegeben wird. Indem das Chamäleon seine lange Zunge wie ein Akkordeon zusammenfaltet, kann es seine Beute aufheben und zum Mund führen.

Die

- **Brustbeinkamm:** Knochenleiste beim Vogel, an der die Flügelmuskeln ansetzen.
- **Brut:** Gesamtheit von bebrüteten Eiern, die sich gleichzeitig in einem Nest befinden.
- **Deckfedern:** beim Vogel kleine sichtbare Federn über seinem Flaumhaar.
- **Flaumhaar:** Gesamtheit kleiner Federn bei Jungvögeln; beim voll entwickelten Vogel befindet es sich unter den Deckfedern.
- **genetisch:** Die Gene betreffend, durch welche die für jede Art typischen Merkmale von einer Generation an die nächste weitergegeben werden.
- **Insektivor:** Lebewesen, das sich von Insekten ernährt.
- **Klaue:** Finger beim Raub- und Greifvogel, der in einem gebogenen Nagel ausläuft.
- **Körnerfresser:** Lebewesen, das sich sich von Körnern ernährt.
- **Schwimmhaut:** Membran, die bei bestimmten Wasserwirbeltieren die Finger miteinander verbindet.
- **Schwungfeder:** Flügelfeder beim Vogel.
- **Steuerfeder:** Schwanzfeder beim Vogel.

Vögel sind mühelos zu identifizieren, denn jedes Tier mit Federn ist ein Vogel. Bei allen Vögeln sind die Vorderglieder in Flügel verwandelt, mit denen sie in den meisten Fällen fliegen.

Vögel

Vögel sind die Nachkommen einer Gruppe kleiner Dinosaurier, bei denen sich aus den Vorderbeinen Flügel entwickelten und deren Körper mit Federn bedeckt ist. Der ungefähr elstergroße Archäopteryx besaß Zähne, mit Klauen bewehrte Beine und Flügel mit Federn. Von diesem Tier hat man in 150 Millionen Jahren alten Felsen Fossilien gefunden. Er gilt als der älteste bekannte „Vogel", wenngleich er eigentlich nicht der Vorfahr der heutigen Vögel ist.

Anatomie und Lebensgewohnheiten

Außer der Fledermaus, einem Säugetier, sind die Vögel die einzigen Wirbeltiere, die fliegen können. Nur Vögel besitzen Federn. Ihr leichtes, aber festes Skelett besteht aus Hohlknochen, von denen einige miteinander verschmolzen sind. Um die Flügel zu bewegen, besitzen sie sehr starke Brustmuskeln; sie setzen an einer großen Knochenleiste, dem **Brustbeinkamm**, an. Vögel können mit Hilfe der Federn an Flügeln und Schwanz fliegen. Das Gefieder besteht aus drei Federarten:

dem **Flaumhaar**, kleinen, feinen Federn, die den ganzen Körper bedecken und das Tier vor Kälte schützen; den **Deckfedern**, die das Flaumhaar völlig bedecken, und den großen Federn zum Fliegen – den **Schwungfedern** (an den Flügeln) und den **Steuerfedern** (am Schwanz). Die Farbe der Federn unterscheidet sich oft selbst bei ein und derselben Art je nach Geschlecht und Alter des Vogels. Vögel besitzen keine Zähne, sondern einen Schnabel; er besteht aus Knochen und sehr hartem Horn. Seine Form ist der jeweiligen Kost des Vogels angepasst: Körnerfresser haben einen kurzen, wuchtigen Schnabel; bei Vögeln, die Insekten, Fische oder Früchte

Kormoran
(Phalacrocorax carbo)

Deckfedern

Schnabel

Flügel

Schwungfedern

Steuerfedern

Pelikan (*Pelecanus onocrotalus*)

**Wellensittich
(*Melopsittacus undulatus*)
beim Fliegen**

fressen, ist er eher länger und gerader. Raub- bzw. Greifvögel haben einen gebogenen Schnabel, mit dem sie ihre Beute zerfleischen können. An ihren Füßen sitzen zwei bis vier mit Klauen bewehrte Finger. Vögel haben ein so genanntes Stimmorgan, mit dem sie Töne erzeugen können. Dieses Organ besteht aus Membranen, die an der Luftröhre liegen, durch die Luft in die Lunge strömt. Der Ton entsteht, wenn Luft über diese Membranen streicht. Wie bei den Säugetieren ist die Körpertemperatur auch bei Vögeln konstant. Bei den meisten hält sie sich auf einem Niveau von über 40 Grad Celsius. Aus diesem Grund konnten sie sich an fast jede Umgebung anpassen.

Die Fortpflanzung bei Vögeln

Während der Paarungszeit führen viele Vögel vor der Paarung einen Balztanz auf. Die Weibchen legen ihre Eier in ein oft eigens für die Eiablage gebautes Nest. Die von einer festen Schale umgebenen Eier, die den Embryo schützt, werden vom erwachsenen Tier warm gehalten, indem es sich zum Ausbrüten darauf setzt.

Klassifizierung der Vögel

Die Klassifizierung von Vögeln beruht auf anatomischen und biologischen Merkmalen wie der Form des Schädelknochens, der Struktur der Federn und dem Vergleich **genetischer** Elemente. Allerdings ist dieses

Klassifizierungsschema nicht starr, sondern entwickelt sich auf Grund neuer Erkenntnisse immer weiter. Heute unterscheidet man rund dreißig Ordnungen, darunter die der Störche (Reiher, Störche, Ibis usw.), der Gänsevögel (Gänse, Schwäne und Enten), der Eulen (Uhus und Käuze) und der Sperlingsvögel. Im Verlauf ihrer Entwicklung haben sich die Vögel an vielfältige Lebensräume angepasst und viele verschiedene Lebensgewohnheiten angenommen. Aus diesem Grund weisen einige ein völlig verschiedenes Äußeres und Verhalten auf, obgleich sie sich in der Klassifizierung recht nahe sind. Das ist der Fall bei der Schnepfe, einer Sumpfbewohnerin, und dem Papageientaucher, der mit Vorliebe Felsklippen am Meer bewohnt. Beide haben auf den ersten Blick nichts gemeinsam, gehören aber dennoch zur gleichen Ordnung (Charadriiformes). Andere wiederum ähneln sich, weil sie dieselben Lebensgewohnheiten haben, gehören aber dennoch zu verschiedenen Gruppen. So werden die Enten einer anderen Ordnung zugezählt als Albatros und Pelikan, obgleich sie alle Beine mit Schwimmhäuten aufweisen. Am interessantesten dürfte jedoch die Unterscheidung zwischen Vögeln sein, die sie als Wasserbewohner bzw. Erd- oder Baumbewohner charakterisiert. Den Sperlingsvögeln gebührt ein Platz für sich, denn zu ihrer Ordnung gehört mehr als die Hälfte aller Vogelarten. □

Die Feder

Die Feder besteht aus dem zum Teil hohlen Schaft, an dem die Äste ansetzen. An jedem Ast sitzen Verzweigungen, die Nebenäste, die zusammen eine Art Federblatt, die „Fahne", bilden, durch die keine Luft geht.

Nebenäste

Äste

Schaft

**Feder einer Trappe
(*Chlamydotis undulata*)**

Pfau *(Pavo cristatus)*

Flachbrustvögel und Hühnervögel

Der Emu

Der Emu *(Dromaius novae-hollandiae)* ist ein australischer Flachbrustvogel, der dem Strauß sehr ähnelt. Aber durch seine mit Federn bewachsenen Schenkel, den Hals mit dichtem Gefieder und seine stärker zurückgebildeten Flügel sowie seine Beine mit drei Zehen unterscheidet er sich von ihm. Das Männchen brütet zwei Monate lang die Eier aus. Es verbringt diese Zeit, ohne zu essen oder zu trinken. Der Emu ernährt sich von verschiedenen Pflanzen und richtet manchmal in Anbaugebieten beträchtlichen Schaden an.

Im Laufe ihrer Entwicklung haben sich bestimmte Vögel an das Gehen und Laufen gewöhnt: Ihre Beine sind sehr kräftig geworden, während ihre Flügel sich zurückgebildet haben. Flachbrust- oder Laufvögel wie Strauß, Nandu und Emu können gar nicht mehr fliegen. Hühnervögel wie Hahn, Fasan, Truthahn und Pfau fliegen nur selten.

Flachbrustvögel: Strauß und Nandu

Der in Afrika beheimatete Strauß ist mit einer Größe von 2,50 m und einem Gewicht von 150 kg der größte Vogel und gleichzeitig der Hauptvertreter der Gruppe der Flachbrustvögel. Die anderen Arten (ein Dutzend) bewohnen verschiedene Gegenden der Erde: der Nandu Südamerika, der Emu Australien, der Kasuar Neuguinea, der Kiwi Neuseeland und die Steißhühner, die als Einzige fliegen können, obwohl sie es nur selten tun, bewohnen die Tropenwälder Amerikas. Das Gefieder ist bei Flachbrustvögeln im Allgemeinen wenig farbig (schwarz, grau, braun oder weiß).

Dank ihrer kräftigen Beine, die in drei Zehen enden (außer beim Strauß, der nur zwei besitzt), sind sie ausgezeichnete Läufer, sodass sie ihren Jägern davonlaufen. Diese wehren sie überdies mit Schnabelhieben, Fußtritten und ihren scharfen Klauen ab. Ihre Kost ist überwiegend pflanzlich (Pflanzen oder Früchte), aber ebenso wenig verachten sie Insekten, Eidechsen und kleine Nager. Die Weibchen legen Eier, die meistens die Männchen ausbrüten. Sie sind auch für die Aufzucht der Jungen zuständig. Die großen Straußeneier (16 cm hoch und 1,6 kg schwer!) werden nachts vom Männchen und tagsüber vom Weibchen ausgebrütet.

Hühnervögel: Hahn, Truthahn, Pfau

Die Gruppe der Hühnervögel umfasst ungefähr 270 Arten. Die bekanntesten sind der Haushahn und sein Weibchen, das Huhn. Diese Vögel haben meist einen schweren Körper und sie fliegen wenig und schlecht (außer der Wachtel). Ihre Beine laufen in drei Zehen vorne und einer kleineren hinten aus. Die Beine sind so kräftig, dass sie bei der Nahrungssuche – Körner, Früchte, auch Würmer, Insekten und Weichtiere – damit den Boden aufkratzen können.

Männlicher Truthahn *(Meleagris gallopavo)* in Balzhaltung

Zahlreiche Hühnervögel bewohnen die Wälder, andere sind eher in Gebieten mit niedriger Vegetation anzutreffen. Viele wurden allerdings zu Haustieren gemacht: So stammt der Hahn auf unseren Bauernhöfen von einer Wildart ab, die noch immer in Südostasien lebt. Fasan und Pfau, auch sie ursprünglich aus Asien, wurden als Jagd- und Ziervögel auf andere Kontinente gebracht. Das Perlhuhn aus Afrika und der Truthahn aus Nordamerika zählen heute zu unserem Geflügel.

Tukan *(Ramphastos tucanus)*

Papageien und Spechte

Die Gruppe der Papageien umfasst ungefähr 340 Arten, zu denen Papageien, Aras, Sittiche und Kakadus gehören. Da sie mühelos Bäume erklettern, wurden sie früher der Gruppe der „Kletterer" zugezählt, deren Hauptvertreter die Spechte sind. Der Kuckuck, ein Angehöriger der Gruppe der Cuculiformes, steht den Spechten ziemlich nahe, auch wenn bei ihm ein ganz anderer Aspekt von Interesse ist.

Papageien

Die beiden wesentlichen Merkmale des Papageis sind ein kräftiger hakenartiger Schnabel und Füße, an denen sich jeweils zwei Zehen zangenartig gegenüberstehen, sodass sie sich auf Bäumen fortbewegen können. Als lärmende Truppe bewohnen sie tropische Wälder oder die bewaldete Savanne vor allem in Australien und Südamerika, aber auch in Asien und Afrika. Sie ernähren sich im Allgemeinen von Früchten und Körnern, gelegentlich auch von Insekten. Einige bauen ihr Nest in Baumhöhlen, andere in Erdbauten.

Ihr Gefieder ist häufig sehr bunt wie beim Ararauna und dem Arakanga, beides Waldbewohner Südamerikas. Da ist der Graupapagei aus Afrika schon gedeckter, wenngleich auch er einen lebhaft roten Schwanz besitzt. Zwar sind Sittiche kleiner als Papageien, aber sie haben genauso leuchtende Farben wie diese. Die in den Trockenregionen Australiens beheimateten Wellensittiche dürften in Europa die wohl bekanntesten ihrer Art sein, sind sie doch hier als Käfigvögel sehr beliebt.

Spechte

Die Gruppe der Spechte umfasst ungefähr 380 Arten. Ihr Gefieder ist zum Teil schwarz und weiß, zum Teil sehr bunt. Sie bewohnen die gesamte nördliche Erdhalbkugel. Dank ihrer Füße mit den vier Zehen (je zwei vorne und hinten), die mit starken Klauen bewehrt sind, und ihrem starren Schwanz, der ihnen als Stütze dient, sind Spechte sehr geschickte Baumkletterer. Sie ernähren sich im Wesentlichen von Insekten, die tote Bäume bewohnen. Sie schrecken sie auf, indem sie mit ihrem kräftigen Schnabel auf das Holz hämmern, und fangen sie dann mit ihrer langen, mit Klebspeichel besetzten Zunge. Um ihr Territorium abzugrenzen, klopfen die Männchen in einem charakteristischen Rhythmus auf die Baumstämme, der je nach Art unterschiedlich ist. Der Tukan, auch er ein Angehöriger derselben Gruppe, ist an seinem gewaltigen, bunten Schnabel zu erkennen. Er bewohnt die Tropenwälder Amerikas, seine Kost besteht überwiegend aus Früchten.

Ein geschickter Kletterer: der Linienspecht *(Dryocopus lineatus)*

Der Arakanga

Der Ara, ursprünglich in Südamerika beheimatet, wird bis zu 1 m lang und gehört zu den größten Papageien. Dieser hier, der Arakanga *(Ara macao)*, ist auch einer der buntesten. Er ist berühmt dafür, die menschliche Stimme imitieren zu können.

Der Kuckuck

Kuckucke wie dieser *(Cuculus canorus)* legen ihr Ei in das Nest anderer Vögel. Sobald der junge Kuckuck aus dem Ei geschlüpft ist, wirft er die anderen Eier und Jungen aus dem Nest und lässt sich von seinen oft viel kleineren „Adoptiveltern" ernähren.

Eine Kolonie von Basstölpeln *(Sula bassana)*

Schwimmvögel und Stelzvögel

Die Pekingente

Die ursprünglich im Fernen Osten beheimatete Peking-ente *(Aix galericulata)*, ein Schwimmvogel, wurde vom Menschen nach Europa gebracht.
Sie hat sich recht gut in Großbritannien eingelebt und ist dort frei lebend. Wie so oft bei den Enten tragen die Männchen (wie das oben) ein sehr viel bunteres Gefieder als die Weibchen.

Mit dem Sammelbegriff „Schwimmvögel" werden mehrere Vogelgruppen bezeichnet, die mit dem Wasser in engem Kontakt leben wie Albatros, Tölpel und Pelikan, Pinguin, Gans, Schwan und Ente sowie die Möwe. Die Stelzvögel, die ebenfalls am Wasser leben, besitzen meist lange, stelzenartige Beine. Reiher, Störche und Kraniche gehören zu den großen Stelzvögeln; Regenpfeifer, Brachvogel und Strandläufer sind dagegen kleine Stelz- oder Watvögel. Den Flamingos mit ihren eigenartig gebogenen Schnäbeln und den langen Beinen mit Schwimmhäuten gibt man manchmal eine eigene Ordnung: die der *Phoenicopteri.*

Balz beim Wandernden Albatros *(Diomedea exulans)*

Schwimmvögel

Albatros, Tölpel, Pelikan, Pinguin und Ente besitzen an den Füßen Schwimmhäute, das heißt, dass ihre Zehen mit einer Membran, der Schwimmhaut, verbunden sind. Damit können sie sich ebenso leicht auf wie unter dem Wasser fortbewegen. Im Allgemeinen haben sie vier Zehen, von denen sich (außer bei Tölpel, Pelikan und Kormoran) drei in der Schwimmhaut befinden.
Die Spannweite seiner Flügel macht den Albatros zu einem bemerkenswerten Vogel: Beim Wandernden Albatros beträgt sie bis zu 3,40 m! Er legt im Segelflug lange Strecken über den Ozeanen der südlichen Erdhalbkugel zurück und landet nur zur Paarung auf dem Boden. Ein Albatros ernährt sich von Tintenfischen, Kalmaren und Fischen, manchmal auch von kleinen Vögeln. Er trinkt Meerwasser; das Salz wird durch eine Drüse über dem Schnabel in der Nähe der Nasenlöcher ausgeschieden. Der Basstölpel ist kleiner als der Albatros; man erkennt ihn an seinem gelben Kopf. Er nistet in Kolonien auf den Felsklippen der atlantischen Küste, von denen er hinabtaucht, um Fische im Wasser zu fangen.
Der Pelikan, ungeschickt auf dem Festland, ist ein Künstler im Fliegen und Fischen, das er gesellig betreibt. In der

Adélie-Pinguin *(Pygoscelis adeliae)*

großen Tasche unter dem Schnabel kann er Fische tragen. Pinguine sind dagegen flugunfähig, können dafür aber hervorragend schwimmen. Ihre kurzen Flügel dienen ihnen als Ruder, mit denen sie sich auf ihrer Nahrungssuche nach Fischen, Krebstieren und Tintenfischen unter Wasser fortbewegen. Sie bewohnen ausschließlich die südliche Erdhalbkugel, vor allem die Küsten der Antarktis. Der Kaiserpinguin wird bis zu 1,30 m groß und ist damit der größte seiner Art.

Große Stelzvögel

Die großen Stelzvögel teilen sich in zwei Ordnungen: die der Reiher und Störche (Ciconiiformes) sowie die der Kraniche (Gruiformes). Abgesehen von ihren langen Beinen besitzen Reiher und Störche auch einen schmalen, spitzen Schnabel. Sie bewohnen Sumpfgebiete und ernähren sich von Fischen, Fröschen und Insekten. Einige wie der Weißstorch brechen vor Winteranbruch zu einem langen Flug in tropische Länder mit einem milderen Klima auf. Die Gruppe der Kraniche umfasst zwölf Familien, die überall auf der Welt anzutreffen sind. Die oft recht großen (bis zu 2 m) Kranichvögel haben einen kleinen Schnabel. Die Arten im gemäßigten Klima (Nordamerika, Europa und Asien) ziehen zur kalten Jahreszeit ebenfalls in wärmere Regionen: Sie fliegen in großen V-Formationen und begleiten ihren Zug mit schallenden Tönen.

Kleine Stelzvögel

Diese Vögel gehören alle der Ordnung der Regenpfeifer an. Einige wie die Strandläufer sind nicht größer als ein Spatz, während andere wie Brachvögel und Regenpfeifer taubengroß sind. Je nach Art und Jahreszeit finden sie sich an Teichen, Sümpfen, Wasserläufen oder Meeresufern ein. Dank ihrer langen Beine mit den verlängerten Fingern können sie in Wasser, Schlick oder Schlamm waten. Ihr Schnabel ist für das Fangen von Wirbellosen (Insekten, Weichtiere, Würmer) eingerichtet und weist oft eine originelle Form auf: Meist ist er fein, manchmal nach unten gebogen oder wie beim Säbelschnäbler nach oben. □

Kronenkraniche *(Balearica pavonina)*

Der Flamingo

Der Flamingo *(Phoenicopterus ruber)* hat lange Beine mit Schwimmhäuten und einen dicken, gebogenen Schnabel, der nur wenige kleine Nahrungsteilchen wie z. B. winzige Krebstiere durchlässt. Dem in diesen Krebstieren enthaltenen Karotin verdankt der Flamingo sein rosa Gefieder. Die Mutter hütet die Jungen, nachdem sie geschlüpft sind, ungefähr vierzehn Tage lang unter ihrem Flügel.

Der Goldregenpfeifer

Dieser kleine Stelzvogel *(Pluvialis fulva)* bewohnt die Tundra in Nordsibirien und Alaska. Im Winter zieht er ins nordöstliche Afrika und nach Australien.

Kondor der Anden *(Vultur gryphus)*

Raubvögel

Die Raub- bzw. Greifvögel sind Fleischfresser und Jäger. Alle haben einen kräftigen hakenförmigen Schnabel, mit dem sie ihre Beute (kleine Säugetiere, Vögel, Fische oder Frösche) zerfleischen. Ihre Füße enden in vier mit langen, starken Klauen bewehrten Zehen; sie sehen ausgezeichnet, was es ihnen ermöglicht, ihre Beute schon von weitem zu erkennen.

Trotz dieser Ähnlichkeiten bezieht sich der Begriff „Raubvogel" auf zwei eher unterschiedliche Gruppen von Vögeln: auf die Tagraubvögel, die nur tagsüber jagen, und die Nachtraubvögel, die nachts ihrer Beute auflauern. Der Kopf der Tagraubvögel, durch einen eindrucksvollen Schnabel verlängert, sitzt auf einem erkennbaren Hals; dadurch wirken sie schlanker. Bei den Nachtraubvögeln dagegen „sitzt" der Kopf direkt auf dem Körper. Darüber hinaus sind ihre Augen besonders gut für das nächtliche Sehen geeignet; außerdem haben sie ein sehr feines Gehör.

Tagraubvögel: Adler, Falken und Geier

Diese Raubvögel, die tagaktiv sind und jagen, werden in fünf Familien eingeteilt, von denen die beiden wichtigsten die der Adler und Geier und die der Falken sind. Der Steinadler, ein Vertreter der Familie der Adler, ist auf der gesamten Nordhalbkugel beheimatet und baut sein Nest, den so genannten „Adlerhorst", im Gebirge. Er sieht majestätisch und imposant aus und ist mit einer Flügelspannweite von 2 m einer der mächtigsten Raubvögel. Allerdings ist er nicht fähig ganz große Beutetiere fortzutragen, wie das manche Erzählungen glauben machen wollen. Er schlägt vor allem mittelgroße Säugetiere wie Hasen.

Einige Raubvögel fressen am liebsten Fische; so auch der Fischadler, der nicht zögert ins Wasser zu tauchen, um sich seine Beute zu holen. Der Seeadler stellt eine außergewöhnliche Geschicklichkeit beim Fischen unter Beweis: Er „pflückt" den Fisch aus dem Wasser, ohne sich auch nur die Füße zu benetzen! Falken sind kleiner als Adler. Sie haben lange, spitze Flügel, einen langen

Steinadler
(Aquila chrysaetos)

Schwanz und einen kleinen, scharfen Schnabel. Der Wanderfalke, ein Vertreter dieser Familie, ist ein sehr schneller Jäger: Er stürzt sich mit beinahe 200 km/h auf seine Beute. Dagegen sind die Geier keine Jäger, sondern Aasfresser. Oft ist ihr Hals länger als bei Adlern und Falken und auch die Federn

Der Wanderfalke

Die Flügelform des Wanderfalken *(Falco peregrinus)* ist typisch für die Vögel dieser Familie: schmal und spitz, am äußeren Ende sehr zugespitzt, aber am Körper ziemlich breit.

Der Gänsegeier

Dieser Geier *(Gyps fulvus)*, mühelos erkennbar an seiner weißen Halskrause, lebt in Südfrankreich, Spanien, der Türkei und in Griechenland.

Schleiereule *(Tyto alba)*

am Kopf sind recht kurz, sodass sie sich nach einer Mahlzeit leichter säubern können. Außerdem unterscheiden sie sich durch ihre Füße, an denen die Zehen (drei nach vorne und eine kleinere nach hinten gerichtet) und Klauen kürzer sind: Sie dienen eher zum Gehen als zum Töten. Noch existieren Gänsegeier und Bartgeier in Europa, aber sie sind vom Aussterben bedroht. Einige amerikanische Geier finden Kadaver nicht durch Sehen, sondern anhand des Geruchs. Dazu gehört der Kondor der Anden, der eine Flügelspannweite von 3 m und ein Gewicht von 12 kg erreicht. Der Kalifornische Kondor ist noch größer. Zwar ist er selten geworden, aber dank eines umfassenden Programms zur Erhaltung der Art wurde er vor dem Aussterben bewahrt.

Nachtraubvögel: Eulen und Käuze

Die Nachtraubvögel jagen ihre Beute vor allem nachts. Ihre Hauptvertreter sind Eulen und Käuze. Diese Vögel haben einen dicken Kopf und einen sehr kurzen, von Federn verborgenen Hals. Die Federn ihres Gesichts bilden eine runde Maske, die jedes Auge umgibt. Diese sind groß, rund und vorstehend und sehr typisch: Sie sind nach vorn und nicht nach der Seite gerichtet wie bei den anderen Vögeln. Weil ihr Kopf sehr beweglich ist, haben sie außerdem ein stark erweitertes Gesichtsfeld. Die Schneeeule kann zum Beispiel ihren Kopf tatsächlich um 360 Grad drehen.
Dank ihres sehr feinen Gehörs und ausgezeichneten Sehvermögens erspähen die Nachtraubvögel ihre Beute mühelos. Außerdem haben ihre samtenen Federn eine ganz besondere Struktur, die dem Tier einen geräuschlosen Flug sichert,

sodass es sich ungehört seiner Beute nähern kann. Eulen haben an den Seiten ihres Kopfes kleine aufgerichtete Federn, die wie Ohren aussehen. Dank ihrer braunen und grauen Farbe sind sie tagsüber gut getarnt. Hinzu kommt, dass sie sich völlig still verhalten. Der Uhu, in hügeligen und bewaldeten Regionen in Europa sowie in Asien und Nordafrika beheimatet, ist das größte Nachtraubtier (mit einer Flügelspannweite von bis zu 1,80 m). Im Gegensatz zu den Eulen besitzen die Käuze keine ohrenähnlichen Federn. Am meisten verbreitet in Europa ist der Waldkauz, der sogar in den Grünflächen der Städte anzutreffen ist. Er nistet in Baumstämmen und ernährt sich von Nagetieren. In Nordamerika benötigt die Kanincheneule ein großes Jagdgebiet (500 Hektar je Paar). Die Schleiereulen (über 15 Arten) bilden eine eigene Familie, vor allem wegen ihres herzförmigen Federkranzes („Schleier") im Gesicht. ☐

Der Waldkauz

Der Schrei dieses in den Wäldern und Parks ganz Europas beheimateten Kauzes *(Strix aluco)* ist typisch. Er ernährt sich überwiegend von kleinen Säugetieren, aber auch von allerlei kleiner Beute wie z. B. von Spatzen.

Der Uhu

Der links abgebildete große Nachtraubvogel *(Bubo bubo)* greift gelegentlich auch Beutetiere an, die so groß sind wie er. Wie die anderen Nachtraubtiere speit er das nicht verdaute Gewölle, bestehend aus Haaren, Federn und Knochen, wieder aus. Sein dumpfer Gesang ist über große Entfernungen hinweg zu hören. Früher wurde der Uhu oft als Unheil verkündendes Tier betrachtet und deshalb verfolgt. Heute steht er unter Naturschutz.

Junge Kohlmeisen *(Parus major)* warten darauf, gefüttert zu werden.

Sperlingsvögel

Paradiesvögel

Paradiesvögel sind Sperlingsvögel der tropischen Wälder, vor allem in Neuguinea. Die Männchen protzen mit Gefieder in ungewöhnlichen Farben und Formen und wie oben Raggis Großer Paradiesvogel *(Paradisea raggiana)* entfalten sie es, um die Weibchen bei der Balz zu beeindrucken.

Nektarvögel

Nektarvögel wie dieser hier unten *(Nectarinia amethystina)* sind kleine Sperlingsvögel (9 bis 22 cm), die die Tropen Afrikas und Asiens bewohnen. Mit Hilfe ihres langen, feinen und gebogenen Schnabels saugen sie den Nektar, ihre Lieblingskost, aus den Blumen.

Sperlingsvögel bilden eine riesige Ordnung mit 5 200 Arten: Sie stellen mehr als die Hälfte aller Vogelarten, die es heute gibt. Im Wesentlichen sind diese Vögel, die in der Höhe zu sitzen pflegen, mittelgroß bis klein und alle haben an jedem Fuß vier Zehen. Eine Reihe von ihnen kann dank eines Stimmorgans verschiedene und auch musikalische Töne hervorbringen: Gerade unter den Sperlingsvögeln gibt es die besten Sänger der Vogelwelt. Die Unterordnung der Singvögel (die bei weitem wichtigste mit beinahe 4 300 Arten) umfasst herausragende Künstler wie Nachtigall, Grasmücke und Lerche. Allerdings sind nicht alle so begabt: Um sich davon zu überzeugen, braucht man sich nur das Gekrächze von Raben anzuhören!

Vielfältige Kost

Die Sperlingsvögel haben es verstanden, in beinahe jeder Umgebung heimisch zu werden. So haben Spatz und Star, vom Menschen nach Nordamerika und Australien gebracht, diese Kontinente innerhalb weniger dutzende von Jahren erobert. Diese bemerkenswerte Fähigkeit zur Anpassung verdanken sie unter anderem ihrem sehr vielfältigen Speisezettel. Diese Vögel ernähren sich von Insekten ebenso gut wie von Körnern, Früchten und anderen Pflanzen.

Ihr Schnabel ist ihrer jeweiligen Kost angepasst: Bei **Körnerfressern** wie Distelfink und Bergfink ist er kräftig und kegelförmig, bei den

**Eine Drossel
*(Pitta guajana)***

Insektivoren wie dem Rotkehlchen dagegen fein und spitz. Nektarvögel und Honigfresser, deren Lieblingskost Blütennektar ist, haben einen langen, feinen und leicht gebogenen Schnabel.

Fortpflanzung

Sperlingsvögel bilden zur Fortpflanzung Paare. Sie bleiben für Nestbau und Fortpflanzung ein paar Wochen zusammen, danach trennen sie sich.

Alle Sperlingsvögel bauen ein Nest entweder auf dem Boden, in Ästen oder in einer Höhle. Bestimmte Arten wie Schwalben oder Webervögel treffen in der Fortpflanzungszeit zusammen, um Kolonien mit hunderten oder sogar tausenden von Nestern zu bilden. Die Eier werden vor allem vom Weibchen ausgebrütet. Das Männchen nimmt seinen Platz nur ein, wenn das Weibchen sich für kurze Zeit entfernt – damit die Eier nicht kalt werden. Die Jungen schlüpfen nackt und blind und sind, während sie das Nest bewohnen, vollkommen von den erwachsenen Vögeln abhängig.

Ist die erste **Brut** flügge geworden, legt das Weibchen oft ein weiteres Mal Eier. So

Bachstelze *(Motacilla cinerea)*

ziehen einige Sperlingsvögel drei bis vier Bruten jährlich auf, um die große Zahl junger Sperlingsvögel auszugleichen, die nicht überlebt.

Vielfältige Verhaltensweisen

Trotz vieler gemeinsamer Merkmale unterscheiden sich einige Sperlingsvögel durch ein besonderes Merkmal oder ein eigenes Verhalten. So gibt es von Mexiko bis Südamerika eigenartige kletternde Sperlingsvögel mit einem sehr langen Schnabel, die so genannten Dendrocolapten. Die Prachtdrossel, die lebhafte Farben und einen kurzen Schwanz hat, baut in den Wäldern Afrikas, Australiens und Indonesiens Bodennester. Auch Lerchen sind bodenbewohnend, allerdings in den Steppen und sogar in den Wüsten. Dagegen verbringen Schwalben den größten Teil ihres Lebens in der Luft; oft benutzen sie für den Bau ihres Nestes Schlamm.

Wie zahlreiche Sperlingsvögel sind auch sie Zugvögel: Jedes Jahr zu Herbstbeginn verlassen sie Europa und fliegen nach Afrika, um im nächsten Frühjahr zurückzukehren.

Bachstelzen entfernen sich nicht vom Ufersaum und schütteln unablässig ihren langen Schwanz. Die Elster legt sich einen Nahrungsvorrat an, indem sie ihre Beute auf Stacheln spießt. Meisen, von denen viele in der Nähe des Menschen leben, sind fähig sich kopfüber festzuhalten, um an die kleine Beute zu gelangen, von der sie sich ernähren.

Die Gruppe der Raben

Von allen Sperlingsvögeln sind die Mitglieder der Familie der Rabenvögel die am weitesten entwickelten. Bei Krähen, Elstern und Hähern ist das Gehirn im Vergleich zum Gesamtkörpergewicht am größten. Der imposanteste Vertreter ist der Kolkrabe. Seine Flügelspannweite beträgt zuweilen bis zu 1,30 m.

Einige Arten wie Saatkrähe, Alpendohle und Alpenkrähe leben in Kolonien, andere wie Eichelhäher und Elster bauen ihr Nest für sich allein. Im Gegensatz zu anderen Sperlingsvögeln sind Rabenpaare einander sehr treu. Sie bleiben zusammen, bis einer der Partner stirbt.

Rabenvögel bewohnen Wälder, Ebenen, Steppen und Berge rund um den Globus und sie haben sich schon seit langem an das Leben in der Nähe des Menschen gewöhnt. So bieten die Städte Europas sehr oft Turmdohlen, Elstern und Rabenkrähen eine Heimat. ☐

Geschickter Nestbauer: der Webervogel

Der Webervogel *(Ploceus cucullatus)*, ein naher Verwandter des Spatzen, ist vor allem in Afrika, Südostasien und auf den Inseln des Indischen Ozeans beheimatet. Mit seinem großen Schnabel webt das Männchen bemerkenswerte Nester, die an Ästen hängen. Nach der Wahl des Platzes vermischt es geschickt Kräuterstängel und noch grüne Blattfasern. Bevor das Weibchen seinen Partner wählt, stattet es zuvor stets dem Nest einen Besuch ab!

Der Kolkrabe

Der Rabe *(Corvus corax)* ist völlig schwarz (links); er ist an seinem eindrucksvollen Schrei zu erkennen. Verbreitet ist er in Europa, Asien und Nordamerika.

Die Säugetiere

Säugetiere verdanken ihren Namen der Tatsache, dass die Weibchen Zitzen besitzen und ihre Jungen säugen. Sie sind die am weitesten entwickelten Wirbeltiere. Zu der Gruppe gehören viele Arten, darunter auch der Mensch.

- **Allesfresser:** wer sich unterschiedslos von verschiedener Kost ernährt.
- **Backentasche:** bei Säugetieren wie dem Hamster eine Tasche in der Backe, um Nahrung zu speichern.
- **Barte:** am Oberkiefer von Walen fest sitzende Hornscheide, die zum Seihen von Plankton dient.
- **Beutel:** Bauchtasche bei den Beuteltieren, die den Fetus schützt, bis er entwickelt ist.
- **Blinddarm:** Teil des Darms, in dem sich Bakterien befinden, die bei bestimmten Tieren Zellulose verdauen.
- **Körnerfresser:** wer sich von Körnern ernährt.
- **Plazenta:** beim trächtigen Tier das Verbindungsorgan zwischen der Gebärmutter und dem Fetus.
- **säugerähnliche Reptilien:** Reptilien im beginnenden Mesozoikum, die Merkmale von Säugetieren besaßen.
- **Spritzloch:** Nasenloch bei den Waltieren.
- **Wiederkäuen:** Art der Verdauung bei den Wiederkäuern, die Kräuter in ihrem Pansen aufbewahren und die Nahrung dann zum Maul zurückbringen, um sie durchzukauen, bevor sie zur Verdauung in den Magen gelangt.
- **Winterschlaf:** wird von Tieren gehalten, die den Winter schlafend verbringen.

Außer den für sie typischen Zitzen haben Säugetiere eine mit Haaren bedeckte Haut; Die Haare werden hauptsächlich von einem Protein (dem Keratin) gebildet. Sie wachsen häufig als Pelz, aber manchmal haben sie sich auch in Stacheln (beim Igel), Hörner (beim Rhinozeros) oder Schuppen (beim Schuppentier) verwandelt.

Säugetiere sind als einzige Tiere neben den Vögeln in der Lage, ihre Körpertemperatur zu steuern. Sie sind aus den **säugerähnlichen Reptilien** hervorgegangen. Die ersten Säugetiere entstanden zur selben Zeit wie die Dinosaurier vor ungefähr 200 Millionen Jahren im Mesozoikum. Der Übergang vom Reptil zum Säugetier drückt sich in den Veränderungen vor allem von Schädel und Kiefer und einer bedeutsamen Entwicklung des Gehirns aus. Während der über 100 Millionen Jahre, in denen die Dinosaurier den Planeten beherrschten, blieben die Ursäugetiere klein und unscheinbar. Als dann die Dinosaurier vor

Dieses Opossum *(Philander opossum)* hat zwei weiße Flecken über den Augen.

ungefähr 65 Millionen Jahren ausstarben, vermehrten sich die Säugetiere und nahmen vielfältige Formen an, sodass sie in jeder Umgebung und überall auf der ganzen Erde leben konnten.

Heute unterscheidet man 4 600 Arten. Alle pflanzen sich durch die Paarung von Männchen und Weibchen derselben Art und der Befruchtung der weiblichen Eizelle durch einen männlichen Samen fort. Allerdings unterscheidet man anhand der Entwicklung der Jungen drei wichtige, sehr ungleiche Gruppen: Kloakentiere, Beuteltiere und Plazentatiere.

Eine Löwin *(Panthera leo)* säugt ihre Jungen.

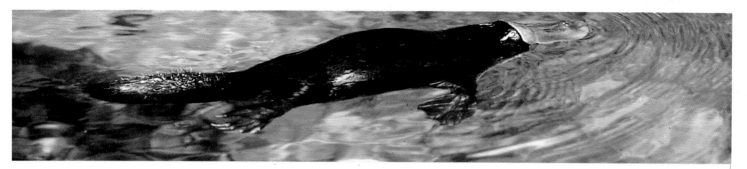

Schnabeltier *(Ornithorhynchus anatinus)*

Der Koala *(Phascolarctos cinereus)* verbringt sein Leben auf Eukalyptusbäumen.

Kloakentiere: Schnabeltier und Schnabeligel

Kloakentiere sind die primitivsten Säugetiere: Manche Fossilien von Kloakentieren sind 100 Millionen Jahre alt. Von ihren reptilischen Vorfahren haben diese Tiere die Eigenart beibehalten Eier zu legen. Sobald die Jungen aus den Eiern schlüpfen, werden sie wie die anderer Säugetiere gesäugt. Heute bewohnen Kloakentiere nur noch Australien und Neuguinea und sie sind lediglich mit drei Arten vertreten: dem Schnabeltier und zwei Arten von Schnabeligeln.

Das Schnabeltier hat zahnlose, entenschnabelartige Kiefer und Füße mit Schwimmhäuten. Es lebt in Flüssen und schläft auf dem Land in einem Bau, dessen Ausgang direkt am Ufer liegt. Seine Kost sind Insektenlarven und Krebstiere, die es beim Durchwühlen der Ablagerungen auf dem Flussboden findet. Der Schnabeligel ähnelt einem großen Igel. Sein Körper ist bedeckt mit Haaren und Stacheln und er hat einen zylindrischen Mund. Er frisst kleine Wirbellose (Termiten, Ameisen, Regenwürmer).

Beuteltiere: Känguru, Koala und Opossum

Bei den Beuteltieren vollendet der Fetus seine Entwicklung außerhalb des Körpers der Mutter. Er hängt mit dem Mund an einer Zitze und ist meistens von einer Tasche, dem **Beutel**, geschützt. Dort bleibt er, bis er voll entwickelt und groß genug geworden ist, um ein unabhängiges Leben zu führen. Vor ungefähr 100 Millionen Jahren waren die Beuteltiere sehr zahlreich, heute sind sie nur noch mit knapp 270 Arten vertreten. Etwa sechzig Arten, darunter das Opossum, sind in Amerika beheimatet; die anderen wie Känguru und Koala bewohnen Australien oder Neuguinea.

Plazentatiere: alle übrigen Säugetiere

Im Gegensatz zu den Beuteltieren besitzen die Weibchen der Plazentatiere eine Plazenta, die die Mutter mit dem Fetus verbindet und seine Ernährung sicherstellt. Die Kleinen werden voll entwickelt geboren und anschließend von ihrer Mutter gesäugt. Plazentatiere sind ungemein zahlreich und voneinander stark verschieden. Man teilt sie heute in rund zwanzig mehr oder weniger bedeutende Ordnungen ein. Die Kriterien für ihre Klassifizierung schwanken stark und richten sich oft nach ihrer spezifischen Ernährungsweise.

So unterscheidet man Insektenfresser (Insekten und andere Wirbellose), Nager, Pflanzenfresser, erdbewohnende und wasserbewohnende Fleischfresser und schließlich die Primaten, die alles fressen (das sind die **Allesfresser**).

Diese letzte Ordnung, zu der auch der Mensch gehört, umfasst die jüngsten Säugetiere: Sie sind vor ungefähr 35 Millionen Jahren entstanden. ☐

Ein Riesenbeuteltier: das Känguru

Das Großkänguru *(Macropus rufus)*, das beinahe 2 m Höhe erreicht, ist eines der größten Beuteltiere.

Diese Tiere springen auf kräftigen Hintergliedmaßen und erreichen mehr als 60 km/h. Das Weibchen wirft im Allgemeinen ein einziges Junges, das sich mehrere Monate in seiner Bauchtasche entwickelt. Auch später noch flüchtet es bei der geringsten Gefahr dort hinein – bis ein anderes Junges seinen Platz einnimmt!

Igelweibchen mit Jungen *(Erinaceus europaeus)*

Insektenfresser, Zahnarme und Fledermäuse

Die Spitzmaus

Man kennt 200 Arten von Spitzmäusen, darunter auch obige *(Sorex araneus)*, die vor allem in Frankreich beheimatet ist. Sie ist klein (6 cm lang) und die Menge der Insekten, die sie jeden Tag frisst, entspricht ihrem Gewicht.

Das Gürteltier

Das Neunbindengürteltier *(Dasypus novemcinctus)* ist erstaunlich: Es ist in einen mit Haaren bedeckten gegliederten Panzer gehüllt, hat einen spitzen Kopf, Ohren mit beweglichen Ohrmuscheln und einen kleinen Rüssel. Auf dem amerikanischen Kontinent bewohnt es sowohl tropische Wälder als auch trockenes Land.

Das Dreifingerfaultier *(Bradypus tridactylus)* ist ein Baumbewohner.

Insektivore Säugetiere ernähren sich hauptsächlich von Insekten. Man unterscheidet die Gruppe der eigentlichen Insektenfresser: die Zahnarmen und die Fledermäuse. Die Tiere der Gruppe der Insektenfresser gehören zu den ältesten Säugetieren. Das hängt mit der Existenz der Insekten zusammen: Sie waren schon weit verbreitet, als die ersten Säugetiere aufkamen (vor ungefähr 200 Millionen Jahren), und sie haben diesen natürlich als Beute gedient.

Insektenfresser:
Igel, Maulwürfe und Spitzmäuse

Diese Gruppe, der sehr unterschiedliche Tiere angehören, umfasst unter anderen Igel, Maulwürfe und Spitzmäuse. Auch das kleinste bekannteste Säugetier zählt dazu: die Etruskerspitzmaus, ein winziges, nur

2 g schweres Tier, das voll entwickelt 8 cm groß wird; es ist in Südfrankreich beheimatet. Außer von Insekten ernähren sich die Säugetiere der Gruppe der Insektenfresser von verschiedenen Wirbellosen (Regenwürmer, Schnecken, Nacktschnecken). Die Mengen, die sie davon fressen, machen zum Teil ein Mehrfaches ihres Gewichts aus. Im Übrigen besitzen sie einzelne Zähne, um ihre Beute zu fassen und zu zerkleinern. Da diese Nahrung zu bestimmten Zeiten ausfällt, mussten die Insektenfresser sich darauf einstellen: So halten die Igel in gemäßigten Breiten einen **Winterschlaf**.

Diese Säugetiere pflanzen sich im Allgemeinen sehr schnell fort. Der Madagaskar-Igel oder Tanrek hat zum Beispiel zwölf Paar Zitzen und wirft bis zu 32 Junge auf einmal!

Ein Zahnarmer: der Große Ameisenbär *(Myrmecophage tridactyla)*

Zahnarme und Schuppentiere

Diese Säugetiere sind entweder zahnlos (Ameisenbären und Schuppentiere) oder können mit ihren Zähnen weder beißen noch etwas zerkleinern (Gürteltier und Faultier). Außer den Faultieren, die im tropischen Amerika auf Bäumen wohnen und Blätter kauen, ernähren sie sich von Ameisen und Termiten, die sie oft mit ihrer langen, mit einer klebrigen Masse bedeckten Zunge fangen. Bei einigen ist der Körper mit Schuppen bedeckt, die einen Panzer bilden (wie beim Schuppentier, das in Afrika oder Asien beheimatet ist), und oft sind sie auch mit einer extrem langen Zunge ausgestattet. Dasselbe gilt für die Gürteltiere in Amerika. Bei der Nahrungssuche durchwühlen sie mit ihrer langen Schnauze und ihren Klauen den Boden. Andere Zahnarme haben einen Pelz wie das Faultier, das mit dem Rücken nach unten an einem Ast hängt, und Ameisenbären, erkennbar an ihrem in einer winzigen Mundöffnung endenden Rüssel. Der bekannteste, der Große Ameisenbär, misst bis zu 2 m; seine Zunge erreicht eine Länge von bis zu 1 m.

Fledermäuse

Fledermäuse, die einzigen flugfähigen Säugetiere, sind durch 900 Arten vertreten und bewohnen mit Ausnahme der Antarktis die ganze Erde. Ihre Flügel werden von einer zwischen vier der fünf Finger ihrer Hände mit sehr verlängerten Fingergliedern gespannten Membran gebildet. Diese Membran ist ihrerseits mit den Hintergliedern einschließlich des Schwanzes verbunden. Der erste Finger des Vordergliedes läuft in einer Klaue aus, sodass das Tier sich festhalten und fortbewegen kann. Fledermäuse hängen oft an ihren Fingern und den Klauen ihrer Füße, die eindeutig kürzer als ihre Hände sind, mit dem Kopf nach unten. In gemäßigten Breiten sind Fledermäuse wie die Hufeisennase allesamt Insektenfresser; deshalb müssen sie während der kalten Jahreszeit einen Winterschlaf halten. Sie sind nachtlebend. Fledermäuse geben durch Nase oder Mund Ultraschallwellen ab, deren Echo von ihren Ohren aufgefangen wird; auf diese Weise können sie auch im Dunkeln auf Jagd gehen.

In den Tropen sind einige Fledermäuse Fruchtfresser (sie ernähren sich von Nektar, Pollen oder Früchten).

Das gilt für Flughunde wie den Flugfuchs, dessen Flügelspannweite bis zu 1,5 m beträgt. In Amerika sind die Vampire beheimatet, Fledermäuse, die sich vom Blut anderer Säugetiere ernähren: Mit Hilfe ihrer sehr scharfen Schneidezähne ritzen sie die Haut von Vieh oder schlafenden Menschen. □

Ein Riesenflughund

Der riesige Flugfuchs *(Pteropus giganteus)* ist eine dunkle, schwanzlose Fledermaus mit großen Augen und einer hundeähnlichen Schnauze. Hier sieht man deutlich den ersten Finger ihrer Hand, die in einer Klaue endet. Mit einer Flügelspannweite von 1,5 m ist diese Fledermaus eine der größten der Welt. Diese Frucht fressende Art ist in Südostasien und Ozeanien beheimatet.

Die Hufeisennase

Diese Hufeisennase *(Rhinolophus ferrum-equinum)* ist eine in Europa häufig vorkommende, winzige Fledermaus (30 g). Es ist zu erkennen, wie die Membran vier der fünf Finger ihrer Hand und auch ihre Füße miteinander verbindet, sodass ein „Flügel" entsteht.

Eichhörnchen (*Sciurus vulgaris*)

Nagetiere

Es gibt beinahe 2 000 Arten von Nagetieren, womit sie mehr als 45 % aller Säuge-
tierarten stellen. Sie sind an jede Umgebung
angepasst und ernähren sich von Gräsern (sie
sind also Pflanzenfresser) oder Körnern (dann
sind sie **Körnerfresser**).

Bei allen ist der Kiefer mit einem Paar
ständig nachwachsender Schneidezähne ausgestattet, die sie durch regelmäßiges Nagen
abnutzen. Sie besitzen keine Eckzähne, dafür
haben ihre Backenzähne eine ganz besonders
harte Krone, mit der sie Gras oder Körner
zerkleinern. Nagetiere sind im Allgemeinen
eher klein. Viele von ihnen haben in den
Backen eine Art Tasche, die so genannten
Backentaschen, in denen sie Nahrung lagern
oder tragen.

Die Ordnung der Nagetiere ist sehr viel-
fältig; dennoch kann man sie in drei große
Gruppen einteilen: in Eichhörnchen,
Murmeltiere und Biber; in die Gruppe der
Stachelschweine und schließlich in die
der Ratten und Mäuse, denen noch
Lemminge und Hamster zu-
zuzählen sind.

Hasentiere:
Kaninchen und Hasen

Kaninchen und Hasen, Be-
wohner von Savannen und
Kultursteppen in gemäßigten
Breiten, gehören derselben
Gruppe von Hasentieren an.
Früher zählte man sie den
Nagetieren zu. Mit diesen
Tieren haben sie tatsächlich
vieles gemeinsam: Ihre
Schneidezähne, die sie ständig
durch Abscheren abnutzen,
wachsen regelmäßig nach.
Während Nagetiere jedoch
zwei Schneidezähne im Oberkiefer besitzen, weisen Kaninchen und Hasen vier auf. Sie
haben hornförmige Ohren, ihr
Schwanz ist gut sichtbar und
ihre Hinterbeine sind stark
verlängert, was sie zu be-
achtenswerten Läufern macht.
Man erkennt Kaninchen wie
dieses Europäische Wild-
kaninchen *(Oryctolagus
cuniculus)* an ihren Ohren
und Hinterbeinen, die
etwas kürzer als bei Hasen
sind.

Eichhörnchen, Murmeltiere
und Biber

Diese Tiere, die alle einen haarigen Schwanz
besitzen, sind tagaktiv und leben in einer
Gemeinschaft. Eichhörnchen gibt es mit
Ausnahme Australiens und der Antarktis
überall. Das in Europa verbreitete Eichhörn-
chen ist ein Baumbewohner, sein langer
Schwanz dient ihm als Ruder, wenn es von
einem Baum auf den anderen springt;
aber in Amerika wie auch in Asien sind
einige Arten auch Bodenbewohner.
Murmeltiere sind in Europa, Asien und
Amerika beheimatet: Sie wohnen in einem
Bau und halten einen **Winterschlaf**; dabei
zehren sie von den Fettreserven, die sie im
Sommer angesammelt haben. Die in
Nordamerika beheimateten Präriehunde

Alpenmurmeltiere
(Marmota marmota) sind
sehr gesellige Nagetiere.

Wanderratte *(Rattus norvegicus)*

Ein großes Nagetier: der Biber *(Castor fiber)*

schieden, darunter Ratten, Mäuse, Wald-
mäuse, Schermäuse sowie afrikanische und
asiatische Wüstenspringmäuse. Je nach Art
wohnen sie auf oder unter der Erde, in
Bäumen oder teilweise auch im Wasser.
Lemminge und Hamster stehen Ratten
und Mäusen nahe. Der Goldhamster ist ein
Haustier geworden; der Großhamster ist
wild lebend vom Elsass bis Sibirien anzutreffen. Auf Grund ihrer Zahl richten all
diese Tiere beträchtlichen Schaden an
Nutzpflanzen an. Außerdem verbreiten sie
manchmal Krankheiten; so hat die Haus-
ratte über die auf ihr lebenden Flöhe und
Läuse in zahlreichen Ländern schreck-
liche Pest- und Typhusepidemien
ausgelöst.

Der Lemming

**Lemminge sind Hamstern sehr
ähnlich. Es gibt mehrere Arten,
darunter auch den Halsband-
lemming *(Discrostonyx tor-
quatus)*. Im Winter legt er
unter dem Schnee Gänge an
und sein Fell wird weiß.**

leben in Kolonien: Ihre Warnrufe ähneln
dem Bellen von Hunden, was ihren Namen
erklärt. Biber, die bis zu 30 und 40 kg wiegen, sind die größten Nagetiere der nördlichen Erdhalbkugel. Mit ihren Zähnen
fällen sie Bäume, mit denen sie Dämme in
Wasserläufen errichten.

Die Gruppe der Stachelschweine

Diese Gruppe ist vor allem in Südamerika
beheimatet. Sie umfasst so große Tiere wie
Paka, Aguti und Wasserschwein, die wegen
ihres Fleisches gejagt werden. Das ursprünglich aus Peru stammende Meerschweinchen
ist heute auf der ganzen Erde als Haustier
verbreitet. Die eigentlichen Stachelschweine
sind in Afrika, Asien und Amerika anzutreffen, aber je nach Kontinent unterscheiden
sich die Arten beträchtlich.

Ratten und Mäuse

Diese Gruppe von Nagetieren ist die auf
der Erde am weitesten verbreitete, denn sie
kommt auf allen Kontinenten (außer der
Antarktis) vor. Ratten und Mäuse sind eher
klein, ungemein zahlreich und vermehren
sich schnell. Es werden viele Arten unter-

Afrikanisches Stachelschwein
(Hystrix africaeaustralis)

Spitzmaulnashorn *(Diceros bicornia)*

Pflanzenfresser: Elefanten, Nashörne

Der Florida-Lamantin

Dieses eigenartige Tier *(Trichechus manatus)* ist eine von insgesamt drei Arten von Lamantinen. Zusammen mit dem Dugong leben sie als einzige Grasfresser völlig im Wasser. Der Lamantin ist vor den Küsten und in Flüssen Amerikas und Afrikas anzutreffen. Der Dugong hält sich an Küsten vom Roten Meer bis Australien auf. Alle weiden Wasserpflanzen ab; deshalb werden sie auch „Seekühe" genannt.

Der Klippschliefer

Wenngleich der Klippschliefer *(Procavia capensis)* selbst nur klein ist, ist er doch der Vorfahre der Elefanten. An seinen Füßen sitzen Hufe.

Zu Beginn des Tertiärs (vor 60 Millionen Jahren), als sich Savannen und Steppen bildeten, traten die großen Pflanzenfresser auf. Diese hatten zwei Schwierigkeiten zu überwinden. Es galt, die Fähigkeit zu erwerben, Zellulose, den wesentlichen Bestandteil von Pflanzen, zu verdauen. Dieses Problem wurde durch anatomische Veränderungen gelöst. Pflanzenfresser besitzen lange Verdauungsröhren, einen wichtigen **Blinddarm** (Darmfalte, in der Bakterien nisten, die für die Zelluloseverdauung zuständig sind) und schließlich bei einigen eine besondere Verdauungsart, das **Wiederkäuen**. Außerdem mussten sie in der Lage sein sich gegen Fleisch fressende Raubtiere zu verteidigen. Deshalb sind Pflanzenfresser entweder von beträchtlicher Größe, können ungewöhnlich schnell laufen oder leben in Herden. Die heute existierenden Arten teilt man in mehrere Ordnungen, die früher unter dem Begriff Huftiere zusammengefasst wurden: Rüsseltiere (Elefanten), Unpaarhufer (Pferde, Nashörner, Tapire), Hyracoidea (Klippschliefer), Seekühe (Lamantin und Dugong) und Paarhufer (Giraffen, Kamele, Hirsche und Rinderartige). An jedem Fuß haben sie eine unterschiedliche Zahl von Zehen (zwischen einem und fünf).

Elefanten

Das sind die größten erdbewohnenden Säugetiere. Ihre wuchtigen Beine enden in fünf Zehen, die auf einem dicken Kissen ruhen. Ihr Rüssel wird gebildet aus dem Verschmelzen der Nase mit der Oberlippe. Damit saugen sie Wasser auf und reißen Gras oder Bäume aus, aber sie riechen damit auch, denn die Nasenlöcher sitzen am äußersten Ende.

Die Elefanten, die große Mengen fressen und trinken (täglich 200 kg Gras und Blattwerk und 150 l Wasser), besitzen sechs Zähne: vier Backenzähne und zwei Schneidezähne – Stoßzähne aus Elfenbein. Heute wird der Elfenbeinhandel strikt überwacht, um ihren Fortbestand zu gewährleisten. Es existieren zwei Elefantenarten: der Afrikanische und der in Südostasien beheimatete

Trotz seiner imposanten Größe ist der Afrikanische Elefant *(Loxodonta africana)* schnell.

Steppenzebra *(Equus burchelli)*

und Pferde

Indische Elefant. Der Afrikanische Elefant ist in Savanne und Wald bis zu einer Höhe von 3 600 m beheimatet. Er lebt in kleinen Herden, angeführt von einem älteren Weibchen. Der Indische Elefant wurde gezähmt: Man erkennt ihn an seiner kleineren Größe, seinen weniger voluminösen Ohren und seinen oft kürzeren Stoßzähnen. Außerdem läuft sein Rüssel in einer einzigen Lippe aus; der Afrikanische Elefant hat dagegen zwei.

Nashorn und Tapir
Bei diesen einzeln lebenden Tieren laufen die Beine in drei Zehen aus. Nashörner haben eine ledrige Haut, die bis zu 6 cm dick wird. Es gibt fünf Arten, darunter das Spitzmaul-nashorn, das im tropischen Afrika beheimatet ist und auf der Schnauze zwei Hörner hat, wogegen das indische Nashorn nur eines besitzt. Die Hörner sind sehr gefragt; aus diesem Grund sind diese Pflanzenfresser heute beinahe ausgestorben, so-dass es nur noch wenige gibt. Der Tapir ist ein Waldtier. Der Schabracken-Tapir ist in Südostasien

Der erwachsene Schabracken-Tapir *(Tapirus indicus)* trägt ein zweifarbiges Kleid.

anzutreffen, die übrigen Arten im tropischen Amerika. Alle sind so groß wie ein kleines Pferd und besitzen wie der Elefant einen von Nase und Oberlippe gebildeten kurzen Rüssel.

Pferd, Esel und Zebra
Pferd, Esel und Zebra bilden die Familie der Einhufer. Ihr Hauptmerkmal ist, dass sie nur eine einzige Zehe haben, die einen Huf bildet. Außerdem erlauben ihnen bestimmte Veränderungen des Skeletts auf hartem Boden sehr schnell zu laufen. Alle diese Pflanzenfresser bewohnen Savannen oder Steppen.

Diese früher sehr zahlreiche Familie umfasst heute weltweit nur noch knapp ein Dut-zend Arten. Es gibt nur noch ein Wildpferd: das Przewalski- oder Urwildpferd aus der Mongolei. Alle anderen Pferde wurden ge-zähmt. In Afrika und Asien existieren noch einige Wildesel (Halbesel). Dagegen wurde das streitbarere Zebra nie gezähmt. Es bewohnt ausschließlich Afrika und lebt in großen Herden: Es gibt drei Arten, darunter das Steppen- und das Grevy-Zebra, die man anhand ihrer Streifen unterscheidet. ☐

Das Przewalski-Pferd
Das Przewalski-Pferd *(Equus caballus przevalskii)***, das vermutlich letzte Wildpferd der Erde, dürfte der Vorfahr unserer Hauspferde sein. Dieses Tier ist fast aus-gestorben (es gibt davon noch ungefähr 1 000) und es lebt heute nur noch in Gefangenschaft. Die unten abgebildeten Pferde leben in Frankreich im Cévennes-Park; dort versucht man die Art wieder in ihre natürliche Umgebung einzugliedern. Dieses ursprünglich aus der Mongolei stammende Pferd war früher einmal weit verbreitet. Man nimmt an, dass es oder eine sehr nahe Art, der Tarpan, an den Wänden prähistorischer Höhlen (wie in Lascaux) dargestellt wurde.**

Es unterscheidet sich vom Hauspferd durch sein braunes, auf dem Rücken schwarz gestreiftes Kleid, seine kurze, dunkle, struppige Mähne, seinen wuchtigen Kopf und sein weißes Maul.

Rothirsche *(Cervus elaphus)*

Pflanzenfresser: Wiederkäuer, Flusspferd

Ein Wiederkäuer aus Afrika: die Giraffe

Alle Giraffen tragen ein Paar Knochenzapfen, die bis zu 25 cm lang sein können. Bei bestimmten Männchen wachsen zusätzlich knochenartige Wucherungen. Die Giraffe unten *(Giraffa camelopardalis)* hat eine solche zwischen ihren Knochenzapfen.

P aarhufer sind Pflanzenfresser; sie haben immer eine gerade Anzahl von Zehen: zwei oder vier. Zu den Paarhufern, früher den Huftieren zugezählt, gehören Wiederkäuer (Rinder, Hirsche, Giraffen, Kamele usw.), die alle einen vierteiligen Magen (Pansen, Netzmagen, Blättermagen und Labmagen) haben, ebenso Tiere wie Flusspferd, Wildschwein und Pekari, bei denen der Magen einfacher strukturiert ist.

Wiederkäuer

Dank ihres komplizierten Magenbaus können Wiederkäuer große Pflanzenmengen auf einmal aufnehmen. Sie schlucken so schnell wie möglich Gras, speichern es im Pansen und suchen sich dann ein sicheres Plätzchen. Dort befördern sie das Gras nach und nach wieder zurück in das Maul, kauen es lange, schlucken es wieder hinunter und verdauen es erst jetzt: Diese Art Verdauung nennt man **Wiederkäuen**. Man unterscheidet unter den Wiederkäuern vier Hauptfamilien: Rinderartige, Hirsche, Giraffen und Kamele. Bison, Jak, Moschusochse, Gemse, Mufflon und alle Antilopen gehören der Familie der Rinderartigen an. Diese Wiederkäuer ähneln wilden Vorfahren von Rind, Hausziege und Hausschaf. Alle besitzen einfache, unverzweigte Hörner, die sie nicht abwerfen. Hirsch (oder Wapiti), Elch (oder Amerikanischer Elch), Reh, Ren (oder Karibu) und Damhirsch zählen zu den am weitesten verbreiteten Hirschen. Im Gegensatz zu den Rinderartigen sind die Hörner, das „Geweih", bei ihnen verzweigt; sie werfen es jedes Jahr ab und es wächst wieder nach. Giraffe und Okapi gehören der Familie der

Das Zweihöckrige Kamel *(Camelus bactrianus)* ist eines der letzten wild lebenden Kamele.

Giraffen an. Diese Wiederkäuer sind im tropischen Afrika beheimatet. Typisch für sie sind kleine, mit behaarter Haut überzogene Knochenzapfen; sie sind über zwölf Stunden täglich mit der Nahrungssuche beschäftigt. Da die Giraffe ihres langen Halses wegen kein Gras weiden kann, besteht ihre Kost aus jungen Sprösslingen oder von Baumwipfeln gepflückten Blättern. Nur selten bleiben Giraffen allein, meistens leben sie gesellig in kleinen Herden. Die Männchen tragen oft heftige Kämpfe untereinander aus.

Kamel, Dromedar, Lama, Alpaka und Vikunja gehören zur Familie der Kamele. Sie

Wiederkäuer in der arktischen Tundra: Moschusrinder *(Ovibos moschatus)*

Impalas *(Aepyceros melampus)*

nd Wildschweine

bewohnen trockene Gebiete in Asien und die Gebirge in Südamerika. Das Kamel, das zwei Höcker hat, ist in Mittelasien beheimatet; das Dromedar mit nur einem Höcker ist in Arabien heimisch: Da es sich besonders gut auf das Leben in der Wüste eingestellt hat, hat der Mensch es vor allem in die Sahara und andere afrikanische Regionen eingeführt.

Flusspferde und Wildschweine

Das Flusspferd, ein naher Verwandter des Schweins, wird bis zu 4 t schwer; es ist im tropischen Afrika zu Hause. Dieses Tier verbringt einen großen Teil seines Lebens im Wasser.
Das Weibchen bringt sein Junges in seichtem Wasser auf die Welt und säugt es unter Wasser: Dabei hält das Junge den Atem an! Angesichts seiner Größe frisst das Flusspferd relativ wenig: bei einem Gewicht von 1,5 bis 2 t etwa 40 kg frisches Gras täglich.

Das Zwergflusspferd hält sich nicht so sehr im Wasser, sondern im Wald auf. Heute ist es sehr selten geworden, denn sein natürlicher Lebensraum schwindet allmählich. Einige leben noch in Westafrika.
Das Wildschwein ist der wild lebende Vorfahr des Hausschweins. Im Frühjahr und Sommer frisst es Äste, Blätter und Blüten von Gräsern; im Herbst und Winter ernährt es sich von Eicheln und Wurzeln, die es mit seinem Rüssel aus dem Boden gräbt. Aber es verschmäht auch kleine Nagetiere, Heuschrecken und sogar kleine Vögel nicht. Riesenwaldschwein, Pinselschwein und Warzenschwein, alle in Afrika beheimatet, gehören derselben Familie an. Die in Amerika heimischen Pekaris sind mit drei Arten vertreten; sie werden als die amerikanischen Verwandten der Wildschweine betrachtet und gehören einer nahen Familie an. ☐

Das Alpaka

Wie das Lama spuckt auch das Alpaka *(Lama pacos)* zu seiner Verteidigung. Es lebt in Südamerika in einer Höhe bis zu 3 500 m.

Das Flusspferd

Weil Nasenlöcher, Ohren und Augen ganz oben auf dem Schädel sitzen, sehen, hören und wittern diese Flusspferde *(Hippopotamus amphibius)* alles auch vom Wasser aus.

Erdmännchen

Die Erdmännchen *(Suricata suricata)*, links in ihrer typischen aufrechten Haltung auf den Hinterbeinen und aufmerksam ihre Umgebung beobachtend, wärmen sich sehr gern in der Morgensonne auf. In der Kalahari-Steppe in Südafrika, wo diese Säugetiere, Verwandte der Mangusten, beheimatet sind, wird es in der Nacht nämlich oft recht kalt. Andererseits suchen die Erdmännchen während der heißesten Stunden Zuflucht in unterirdischen Gängen, die sie mit ihren langen Krallen graben. Sie leben gesellig in Kolonien und zeigen sich ihre Zuneigung, indem sie sich umarmen und das Maul streicheln.

Bengal- oder Königstiger *(Panthera tigris)*

Fleischfresser

Der Iltis

Der kleine Fleischfresser *(Mustela putorius)* aus der Familie der Marder (wie Wiesel, Steinmarder und Nerz) ernährt sich von Nagetieren, Vögeln, Eidechsen und Fröschen. Seine Afterdrüsen geben einen übel riechenden Stoff ab, der ihm den lateinischen Namen *Putorius* einbrachte.

Fleischfresser, die lebende Beute jagen, sind mit dafür geeigneten Zähnen ausgestattet: Fangzähne zum Töten, Schneidezähne zum Zerreißen der Haut und Backenzähne zum Zerkleinern und Fressen des Fleisches. Wiesel, Hermelin, Tiger und Panther jagen einzeln, Löwen, Wölfe und Hyänen in Rudeln, sodass sie große Beutetiere angreifen können, die sie sich meist teilen. Füchse, Steinmarder und Waschbären sind zwar Jäger, aber sie fressen auch Früchte, Eier usw. Die Fischotter ernähren sich von Fischen, die Bären (außer dem Eisbär) überwiegend von Pflanzen.

Wölfe und Füchse

Sie gehören der Familie der Hunde an und sie sehen auch wie Hunde aus. Dank sehr gut entwickelter Muskeln und Glieder

Wölfin *(Canis lupus)* mit ihrem Jungen

können sie sehr schnell laufen. Früher bewohnten Wölfe fast die gesamte nördliche Erdhalbkugel, aber in vielen Ländern wurden sie ausgerottet. Sie leben in stark hierarchischen Rudeln (bestimmte Wölfe beherrschen die anderen) und verständigen sich mit einer Reihe verschiedener Rufe.

Auch der Fuchs ist fast auf der gesamten nördlichen Erdhalbkugel beheimatet, aber er lebt einzeln oder mit seiner Familie in einem Bau. Dieses schlaue Tier hat es verstanden, sich dem Menschen anzupassen: Manchmal kommt er in die Dörfer, um sich dort Nahrung zu holen.

Katzen, Luchse, Panther und Löwen

Alle Vertreter der Familie der Katzen (Felidae) ähneln einer Katze: ein kurzes Gesicht, mehr oder weniger runde Ohren, fünf Finger an den Vorderbeinen, vier an den Hinterbeinen und einziehbare Krallen. Bei den Katzen

Der Löwe *(Panthera leo)* ruht sich täglich durchschnittlich 20 Stunden im Schatten aus.

Eisbären *(Ursus maritimus)* auf dem Packeis

wird am deutlichsten, dass sie Fleischfresser sind; das gilt insbesondere für ihre Zähne: Im Durchschnitt besitzen sie nur 30 (Hunde und Bären dagegen 42), dafür haben sich ihre Eckzähne zu mächtigen Fangzähnen entwickelt.

Die Hauskatze ist vermutlich Nachfahrin einer Katzenart aus Afrika und dem Nahen Osten. (Die Ägypter haben dieses Tier vor über 4 000 Jahren als Erste gezähmt.) Andere Wildarten existieren bis heute: die Wildkatze in Europa, der Puma in Amerika und der Manul in Asien.

Sehr typisch ist der Kopf des Luchses: Seine Ohren laufen in einem Büschel pinselartiger Haare aus. Er jagt seine Beute (Kaninchen, Hasen und Rehe) nicht, sondern pirscht sich unbemerkt an sie heran, um sie dann anzuspringen. In Nordamerika, insbesondere in Kanada, sind zwei Arten beheimatet. In Europa ist er dagegen sehr selten geworden, aber man versucht ihn in mehreren Regionen wieder heimisch zu machen.

Zu den Großkatzen, die im Unterschied zu den Kleinkatzen brüllen können, zählt man den Leoparden oder Panther, der in Afrika und Asien vorkommt, den Jaguar in Amerika, den asiatischen Tiger und den Löwen, den man vor allem in Afrika und in einem kleinen Teil Indiens findet. Der Letztgenannte lebt im Gegensatz zu den anderen großen Katzen im Familienverband; hier gehen vor allem die Weibchen auf die Jagd. Der Gepard, in ganz Afrika und Westasien beheimatet, ist einer der schnellsten Läufer.

Bären

Zwar werden Bären den Fleischfressern zugezählt, aber eigentlich sind sie Allesfresser: Sie ernähren sich von Pflanzen und von Tieren. Sie sind Sohlengänger wie der Mensch: Beim Gehen setzen sie die ganze Fußsohle auf dem Boden auf. Trotz ihres schweren, wuchtigen Körpers sind sie wendig und schnell.

Der Eisbär ist der größte Fleischfresser der Erde (700 kg und 2,50 m). Er bewohnt die Breiten nahe am Nordpol in Kanada, Alaska und Sibirien, kann ausgezeichnet schwimmen und ernährt sich von Seehunden und Fischen. Von Alaska bis in die Vereinigten Staaten (Rocky Mountains) begegnet man dem Grizzlybären – oft des Angriffes auf Menschen oder Vieh beschuldigt. Tatsächlich frisst er vorwiegend Pflanzen und kleine Nagetiere. Kleiner und weniger aggressiv ist der Braunbär in Europa; allerdings ist er äußerst selten geworden. Noch kleiner ist der Schwarzbär; er bewohnt große Teile Nordamerikas und ist ebenfalls sehr wendig: Auf der Nahrungssuche (Früchte, Insekten) oder um einer Gefahr zu entfliehen, klettert er auf Bäume. ☐

Die Geparden *(Acinonyx jubatus)* sind die schnellsten Läufer unter den Säugetieren.

Der Panda

Der Große Panda *(Ailuropoda melanoleuca)*, zur Familie der Bären gehörig, ist ausgesprochen selten geworden: Er existiert nur noch in einigen Wäldern im südwestlichen China bei Tibet. Dort lebt er vor allem in einer Höhe zwischen 2 500 m und 3 000 m, wo die Wälder mit Laub- und Bambusbäumen am dichtesten sind. Bambussprossen sind seine einzige Nahrung. Aber sie sind so wenig nahrhaft, dass der Panda davon große Mengen vertilgen muss. Er verbringt täglich etwa 14 Stunden mit der Nahrungssuche.

Sattelrobben *(Phoca groenlandica)*

Meeressäugetiere

Ein großer Flossenfüßer: das Walross

Das Walross *(Odobenus rosmarus)* erkennt man an seinen beiden langen, stoßzahnähnlichen Schneidezähnen. Es bedient sich ihrer manchmal im Kampf, vor allem aber, um den Schlamm am Meeresboden nach Nahrung zu durchwühlen. Ein großes Männchen wird bis zu 3 m lang und wiegt über 1 000 kg. Diese imposanten Tiere entwickeln sich im Ozean sehr schnell. Sie bewohnen Polarregionen, wo sie Kolonien mit mehreren tausend Tieren bilden.

Diese Säugetiere, die vor ungefähr 26 Millionen Jahren ins Meer zurückgekehrt sind, dürften von Fleischfressern (Flossenfüßer) und Huftieren (Waltiere) abstammen: Manche Wissenschaftler suchen ihre Vorfahren bei den Fischottern, andere bei den Bären. Sie haben sich vorzüglich auf das Leben im Meer eingestellt. Ihr Körper wurde länger, ihre Füße sind mit Schwimmhäuten versehen oder so verkürzt, dass sie zu Flossen wurden. Dennoch haben sie sich die wesentlichen Merkmale von Säugetieren bewahrt: Haare, Zitzen und eine konstante Körpertemperatur. Man unterscheidet zwei große Gruppen Seesäugetiere: Flossenfüßer (Seehund, Ohrenrobbe, Walross) und Waltiere (Wal, Delfin, Pottwal).

Eine Riesenrobbe: der See-Elefant der nördlichen Erdhalbkugel *(Mirounga angustirostris)*

Flossenfüßer: Seehund, Ohrenrobbe und Walross

Flossenfüßer, die Nachfahren von Fleischfressern sind, ernähren sich von Fischen und gelegentlich auch von Tintenfischen, Kalmaren oder Kraken. Da sie weniger ausgeprägte Wassertiere als die Waltiere sind, verlassen sie das Wasser, um ihre Jungen auf die Welt zu bringen. Bei vielen Arten ist die Aufzucht der Jungen oft ausgesprochen kurz: Nach ungefähr drei Wochen verlässt die Mutter das Junge, das ganz allein schwimmen und jagen lernt. Ihre vier verbreiterten Beine, die von verlängerten Fingergliedern gehalten werden, dienen ihnen als Flossen. Sie leben in Kolonien. Die meisten Flossenfüßer sind Seehunde: Es gibt 19 Arten, darunter die Sattelrobbe. Sie sind hauptsächlich in Regionen mit einem strengen Klima wie Arktis und Antarktis beheimatet. Der See-Elefant ist eine Riesenrobbe (6,5 m bei 3 t). Die Männchen haben einen Harem von mehreren Weibchen. Ohrenrobben bewegen sich auf dem Festland leichter als Seehunde fort, denn sie stützen sich auf ihre vier Beine. Sie unterscheiden sich von ihnen auch durch das Vorhandensein von Außenohren (die Seehunde nicht haben). Sie sind zahlreich auf der südlichen Erdhalbkugel (nur einige Arten wandern bis zum nördlichen Pazifik) und bilden zur Paarungszeit größere Kolonien. Das Walross, das der Ohrenrobbe

Fleckendelfine *(Stenella frontalis)*

nahe steht, ist ein großer Flossenfüßer und besitzt zwei lange, stoßzahnähnliche Schneidezähne. Flossenfüßer sind fast in allen Ozeanen zu Hause, aber sie wurden wegen ihres Pelzes und Fettes gejagt und einige Arten sind vom Aussterben bedroht. So ist die Mönchsrobbe, die früher das Mittelmeer bevölkerte, heute nahezu völlig ausgestorben.

Waltiere: Wal, Delfin und Pottwal

Diese unter dem Begriff Cetacea zusammengefassten Tiere sind Huftiere, die ins Meer zurückgekehrt sind; sie können nicht auf dem Festland leben. Paarung, Geburt und Aufzucht der Jungen erfolgen im Wasser. Unter ihnen befinden sich die größten Tiere, die es je gegeben hat, wie der Blauwal, der voll entwickelt 35 m lang wird und ein Gewicht von 150 t hat. Ein dermaßen schweres Tier könnte überhaupt nicht auf dem Festland leben. Waltiere haben einen torpedoförmigen Körper, der in einer waagerechten Schwanzflosse endet. Ihre Hinterbeine sind völlig verschwunden und ihre beiden Vorderbeine haben sich in Flossen verwandelt. Die Nasenlöcher münden am Oberkopf in eine besondere Öffnung, das **Spritzloch**. Waltiere können mehrere hunderte von Metern tief tauchen und brauchen über eine Stunde nicht zu atmen. Bestimmte Arten geben Ultraschallwellen ab, mit deren Hilfe sie Hindernisse wahrnehmen und ihre Beute aufspüren. Man unterscheidet zwei große Gruppen Waltiere: Bartenwale und Zahnwale. Bartenwale ähneln echten Walen wie dem Buckelwal und dem Finnwal. An Stelle von Zähnen haben sie lange Hornplatten oder **Barten**, mit denen sie Fische und Krebse (oder Krill) aus dem Meerwasser seihen. Zahnwale umfassen Delfine (darunter den Schwertwal), kleine Tümmler, Schnabelwale und Pottwale. Sie besitzen bis zu mehrere dutzend kegelförmige Zähne, die alle gleich aussehen, und sie jagen Fische oder Kalmare. Sie sind in allen Ozeanen, einige auch in Süßwasserseen anzutreffen.

Delfine, zu denen ungefähr vierzig Arten zählen, leben gesellig und kommunizieren mit Hilfe einer Sprache, die man zu entschlüsseln versucht. Sie helfen sich gegenseitig, wenn einer von ihnen verletzt oder krank ist.

Der Pottwal taucht bis in eine Tiefe von 1 000 Meter, um große Kalmare zu fangen. Die Überreste der Verdauung sammeln sich in seinem Gedärm an und bilden die in der Parfümindustrie verwendete graue Ambra. ☐

Der Schwertwal

Der Schwertwal *(Orcinus orca)*, ein gefräßiger Fleischfresser, greift Seehunde, Pinguine, Ohrenrobben (oben) und sogar Wale an. Manchmal strandet er, wenn er sich zu weit ans Ufer wagt, um seine Beute zu fassen.

Dieser Buckelwal *(Megaptera novae-angliae)* zeigt beim Sprung aus dem Wasser seine großen, mit Buckeln verzierten Flossen.

Ein Halbaffe auf Madagaskar: der Katta *(Lemur catta)*

Die Primaten

Der Nasenaffe

Der Nasenaffe *(Nasalis larvatus)* lebt in den Regenwäldern an den Küsten der Insel Borneo (Indonesien). Er ist ein Baumbewohner und dort findet er auch seine Hauptnahrung: vor allem Blätter. Er schwimmt ausgezeichnet und hält sich gern im und sogar unter dem Wasser auf. Morgens und abends hallen die Bäume und Flussufer von seinen Schreien wider. Dieser Altweltaffe verdankt seinen Namen seiner seltsamen Nase. Bei den Weibchen und Jungen ist sie spitz und länglich. Bei den Männchen ist die Nase trompetenförmig und biegt sich zum Mund, wie oben zu sehen ist.

Der Spinnenaffe *(Brachyteles arachnoides)* besitzt lange Arme und ein dichtes Haarkleid.

Der Begriff „Primaten" ist eine Erfindung des schwedischen Naturforschers Linné von 1758. Ihm zufolge waren die Primaten die „Ersten" innerhalb der Klassifizierung der Tierwelt; vor tausenden von Jahren dürften sie eher kleine nächtliche Insektenfresser

gewesen sein. Heute teilt man die Primaten in zwei Gruppen: Halbaffen (wie Lemuren und Koboldmaki) und Affen, zu denen auch der Mensch und seine Vorfahren zählen. Das Gehirn der Primaten ist entwickelter als das jedes anderen Säugetiers, auch die Form ihrer Schädel ist anders. Ihre beiden Augen sind nach vorn gerichtet, was ihnen ein gutes räumliches Sehen ermöglicht. Sie sind Sohlengänger (beim Gehen setzen sie die ganze Hand oder den ganzen Fuß auf) und sie können Gegenstände greifen, denn in der Hand liegt der Daumen den anderen Fingern gegenüber.

Halbaffen: Lemuren und Koboldmaki

Diese Tiere sind auf Madagaskar sehr zahlreich, aber sie kommen auch in Afrika und Asien vor. Die Kost der Baumbewohner besteht im Wesentlichen aus Blättern und Früchten, manchmal auch aus Insekten oder kleinen Vögeln.

Am eigenartigsten unter den Lemuren ist zweifellos der Aye-Aye; er hat einen sehr langen Finger, mit dem er Insekten unter

Diese Dscheladas oder Blutbrustpaviane *(Theropithecus gelada)* sind Altweltaffen (Afrika).

Das Lausen: ein Ritual bei den Schimpansen *(Pan troglodytes)*

der Baumrinde hervorholt. Der Mausmaki ist der kleinste der Lemuren. Der Koboldmaki wirkt wie ein kleiner Lemur; er hat einen langen Schwanz, Riesenaugen und sehr entwickelte Beine. Möglicherweise ist er ein Bindeglied zwischen Halbaffen und Affen.

Pinseläffchen, Makak und Pavian

Genau wie die Halbaffen sind auch die Affen größtenteils Baumbewohner; sie fressen alles, obgleich sie überwiegend Vegetarier sind. Man unterscheidet zwei Kategorien: Neuweltaffen (Amerika) und Altweltaffen (Afrika und Asien). Neuweltaffen wie die kleinen Pinseläffchen oder Spinnenaffen haben 32 bis 36 Zähne und eine breite Nase („Breitnasenaffen"). Mit ihren langen Armen können sie sich von Baum zu Baum hangeln. Ihr Schwanz ist oft ein Greifschwanz, den sie um Äste rollen können. Altweltaffen (Makak, Pavian, Nasenaffen und Dschelada oder Blutbrustpavian) haben 32 Zähne, eine schmale Nase („Schmalnasenaffen") und keinen Greifschwanz. Viele verbringen einen großen Teil ihres Lebens auf dem Boden. In Afrika leben die Paviane in Herden: Die Männchen haben imposante Schneidezähne, sodass sie auch großen Raubtieren wie dem Panther entgegentreten können. Bei Gefahr flüchten sie auf Bäume. Die in Nordafrika und vor allem in Asien verbreiteten Makaken

Junger Orang-Utan
(Pongo pygmaeus)

wie z. B. der Rhesusaffe leben in organisierten Herden. Bei ihm hat man übrigens den Rhesusfaktor entdeckt, der die Blutgruppen beim Menschen charakterisiert.

Gibbon, Orang-Utan, Gorilla und Schimpanse

Diese Affen, die praktisch keinen Schwanz besitzen, stehen dem Menschen sicher am nächsten (daher auch der Begriff „Menschenaffen"). Der Gibbon, in Südostasien beheimatet, ist der kleinste Menschenaffe. Er verlässt so gut wie nie die Bäume, auf denen er sich mit seinen langen Armen herumhangelt.

Der vom Aussterben bedrohte Orang-Utan bewohnt die Wälder von Sumatra und Borneo (Indonesien): Das mächtige Tier verbringt die meiste Zeit auf Bäumen. Der Gorilla ist der größte Affe. Die Männchen messen bis zu 2 m und wiegen 250 kg. Sie leben in Herden in Mittel- und Westafrika. Auch die Schimpansen sind Baumbewohner; in Bäumen bauen sie sich jeden Abend ein Nest zum Schlafen. Diese Affen können sehr einfache Werkzeuge herstellen und benutzen; in ihrem Verhalten stehen sie dem Menschen am nächsten.

Menschen und Schimpansen haben auch einen gemeinsamen Vorfahren: den Ramapithecus. □

Der Mandrill

Der Mandrill *(Papio sphinx)*, ein Verwandter der Paviane, ist ein afrikanischer Affe. Er ist im Äquatorwald und in bewaldeten Regionen vom Süden Kameruns bis zum Kongo beheimatet. Einen guten Teil seiner Zeit verbringt er auf dem Boden, zum Schlafen steigt er jedoch auf einen Baum. Der Mandrill lebt in Familienverbänden mit einem Männchen, mehreren Weibchen und den Jungen. Das Männchen (unten) ist bunter als das Weibchen; die schreienden Farben seines Gesichts sind erstaunlich: Seine grellrote Nase wird beidseits von Furchen in lebhaftem Blau noch unterstrichen. Auch seine Lippen sind rot, seine Hinterbacken rot und blau. Der Mandrill besitzt Schneidezähne von beeindruckender Größe.

?

Wissenswertes

Was ist ein Naturforscher?
Eine Person, die Tiere,
Minerale und Pflanzen
untersucht.

Was ist ein Zoologe?
Eine Person, die Tiere
erforscht.

Was ist ein Botaniker?
Eine Person, die Pflanzen
untersucht.

Was ist ein Biologe?
Eine Person, die Lebewesen,
ihre Entwicklung und
ihre Fortpflanzung er-
forscht.

Welche Bäume leben am längsten?
Die Kiefern in der Sierra Nevada in Kalifornien (Vereinigte Staaten): Man nimmt an, dass sie 6 000 Jahre alt werden. Der älteste bekannte Baum mit dem Spitznamen „Methusalem" ist 4 600 Jahre alt. Im Gegensatz zu diesen Kiefern werden die Riesenmammutbäume keineswegs so alt, wie man vielleicht glaubt. Sie erreichen nur zwischen 2 000 und 2 500 Jahre. Aber sie sind die größten Bäume überhaupt: Bis zu 110 m Höhe können sie emporwachsen.

Wie ertragen die Tiere in Polargebieten die Kälte?
Der Eisbär besitzt hohle Haare, durch die das Licht bis auf seine Haut gelangt; sie ist schwarz und nimmt die Wärme der Sonnenstrahlen auf. Bei den Insekten, die in diesen Breiten beheimatet sind, produziert der Körper einen dem Frostschutzmittel für Autos ähnlichen Stoff; dadurch verwandeln sie sich nicht in Eisklumpen. Sie ertragen Temperaturen von bis zu −30 Grad Celsius.

Wie lange überwintert das Murmeltier?
Es schläft 160 Tage. Seine Körpertemperatur sinkt von 37,5 Grad Celsius auf zehn Grad Celsius; sein Puls geht von 88 auf 15 Schläge pro Minute

zurück. Andere Tiere verbringen bestimmte Zeiten ihres Lebens in einem verlangsamten Zustand: So können Fadenwürmer bis zu 27 Jahre reglos im Boden bleiben, wenn eine Dürre herrscht. Sie werden wieder lebendig, sobald sie mit Wasser in Berührung kommen.

Wie wehren sich Bäume gegen Raupen?
Sobald Raupen die Blätter eines Baums angreifen, bringt er Blätter mit einer anderen Zusammensetzung hervor: Diese Blätter, die weniger nahrhaft und schwerer zu verdauen sind, bewirken allmählich den Tod der Raupen. Man nimmt an, dass ein von Raupen befallener Baum sogar die Nachbarbäume warnt, indem er ein Gas abgibt, das als Warnsignal dient.

Welches Junge bleibt bei den Säugetieren am längsten im Bauch seiner Mutter?
Der junge Elefant: Er verbringt dort 21 bis 22 Monate. Ein menschlicher Säugling wird schon nach neun Monaten geboren und ein Hamsterweibchen ist sogar nur 16 Tage trächtig.

Wo gibt es die meisten Insektenarten?
In den Baumwipfeln des südamerikanischen Tropenwalds am Amazonas. Festgestellt

hat man das durch eine Untersuchung mit einem so genannten „Baumfloß", einer Holzplattform, die mit einem Warmluftballon auf einen Baumwipfel transportiert und dort abgesetzt wurde.

Wie haben Mistkäfer die australischen Viehweiden gerettet?
Der Dung unzähliger Kühe, die auf diesen Weiden grasten, hat nach und nach auf hunderten von Hektar den gesamten Boden bedeckt, sodass kein Gras nachwachsen konnte. Um diesem Missstand abzuhelfen, hat man dort Mistkäfer ausgesetzt. Diese kleinen Käfer haben die Eigenart, Tierexkremente in kleine Kugeln zu verpacken, die sie dann vergraben.

Welche Strecken kann ein Wanderfalter zurücklegen?
Der „Monarch" legt von Kanada bis Mexiko, wo er den Winter verbringt, beinahe 3 000 km zurück. Die Falter sammeln sich in einer Region Mexikos, die deshalb als „Schmetterlingstal" bezeichnet wird, jedes Jahr auf denselben Bäumen. Der „Monarch" dürfte das einzige Insekt sein, das Hin- und Rückflug einer so gewaltigen Strecke bewältigt.

Berühmte Forscher

Aristoteles
(384–322 v. Chr.)
Der Grieche war nicht nur ein großartiger Philosoph, sondern auch der Erste, der sich wissenschaftlich für Tiere interessierte. In seinen Büchern über die Lebewesen beschreibt er etwa 400 Arten, die er in Wirbeltiere und Wirbellose einteilte.

Plinius der Ältere
(23–79 n. Chr.)
Der Naturforscher und Schriftsteller hat die erste große wissenschaftliche Enzyklopädie verfasst. Sie behandelt Tiere, Pflanzen und Steine.

Buffon
(1707–1788)
Der Franzose war Naturforscher, Schriftsteller und er ist einer der Väter der Naturgeschichtsschreibung. Er hat u. a. eine *Allgemeine Naturgeschichte* in 36 Bänden verfasst,

die auch zahlreiche Zeichnungen enthält. In dem Werk untersucht Buffon das Verhalten und die Lebensweise jeder Tierart.

Carl von Linné
(1707–1778)
Der schwedische Botaniker hat für Tiere und Pflanzen die lateinischen Doppelnamen eingeführt: Der erste Name bezeichnet die Gattung, der zweite die

Art. Dieses Klassifizierungssystem wird von Biologen bis heute verwendet.

Jean-Baptiste de Monet, Chevalier de Lamarck
(1744–1829)
Der französische Zoologe rief eine von der Naturgeschichte abgeleitete Wissenschaft ins Leben, die er Biologie nannte. Er schlug die erste Klassifizierung von Wirbellosen vor und entwarf als Erster eine Theorie über die Abstammung der Arten. Sie besagt, dass sich die Merkmale der Tiere im Laufe der Jahrhunderte verändert haben.

Charles Robert Darwin
(1809–1882)
Er war ein englischer Biologe und Naturforscher. Auf einer Reise rund um die Welt fiel ihm auf, dass Tiere ein und derselben Familie in verschiedenen Regionen nicht immer dieselbe Form aufwiesen. Nach seiner Rückkehr nach England entwarf er seine Theorie über die Entwicklung von Lebewesen und der natürlichen

Auswahl. Sein Werk *Von der Entstehung der Arten* machte ihn 1859 berühmt.

Henry Walter Bates
(1825–1892)
Der englische Naturforscher entdeckte bei der Erforschung des Amazonas-Beckens in Südamerika 8 000 bis dahin unbekannte Tierarten. Nach seiner Rückkehr veröffentlichte er einen Essay über den Mimetismus bei Tieren. Darin erklärte er die Fähigkeit bestimmter Tiere, in Form, Farbe und Verhalten ein anderes Tier zu imitieren, um sich vor Angreifern zu schützen.

Karl von Frisch
(1886–1982)
Der österreichische Biologe wird heute als „Bienenprofessor" bezeichnet, denn er hat als Erster ihre Sprache

entziffert. Ihm fiel auf, dass eine Biene, wenn sie Nahrung gefunden hat, die anderen Bienen darüber informiert, indem sie um sie herumtanzt.

Konrad Lorenz
(1903–1989)
Der österreichische Zoologe ist weltweit wegen seiner Studien über das Verhalten von Tieren berühmt. Er hat erkannt, dass junge Tiere sich an das erste Lebewesen binden, das ihnen nach der Geburt begegnet. Diese Erscheinung hat er als „Prägung" bezeichnet.

Jane Goodall
(geboren 1934)
Die englische Spezialistin für Affen hat Schimpansen im afrikanischen Reservat in Gombe in Tansania beobachtet. Erst nach zweijährigem geduldigem Warten hat sie sich den Tieren genähert und wertvolle Entdeckungen über ihr Sozialverhalten gemacht. Sie hat das Jane-Goodall-Institut für den Schutz von Schimpansen gegründet.

Register

Fett gedruckte Zahlen bedeuten, dass der Begriff im Kurzwörterbuch erklärt ist. Normal gedruckte Zahlen verweisen auf die Seiten, auf denen das Thema näher erläutert wird. Die kursiven Zahlen verweisen auf Abbildungen.

Bildnachweis

Einband: *Geparden*: Okapia. Weitere Fotos aus dem Innenteil.
Vorsatz: *Detail eines Schwalbenschwanzes (Papilio machaon)*: Lorne P. – Jacana
Innentitel: *Costa-Rica-Laubfrösche (Agalychnis callidryas)*: Odum A. – Bios

S. 2-o *Junger Orang-Utan (Pongo pygmaeus)*: Ruoso C. – Bios
S. 2-u *Röhrenschwamm (Verognia lacunosa)*: Bavendam F. – Bios
S. 3-m1 Lorne P.
S. 3-m2 Lorne P.
S. 3-m3 Lorne P.
S. 3-m4 Lorne P.
S. 3-m5 Lorne P.
S. 3-m6 Lorne P.
S. 4-ol Ferrero-Labat – Jacana
S. 4-mo Viard M. – Jacana
S. 4-or Gladu Y. – Jacana
S. 4-mol De Wilde S.
S. 4-ml Cavignaux R. – Bios
S. 4-mul Monel Y. – Map
S. 4-mr De Wilde S.
S. 4-mur Goetgheluck P.
S. 4-u *Elefanten (Loxodonta africana)*: Laboureur M. – Bios
S. 5-ol Lorne P. – Jacana
S. 5-mo Polking – Jacana
S. 5-or Denis-Huot M. – Bios
S. 5-mol De Wilde S.
S. 5-ml Carmichael J. – NHPA
S. 5-mul Panda Photo/Gaslini G. – Bios
S. 5-mor Gohier F. – Jacana
S. 5-mr Wildlife/Harvey – Bios
S. 5-mur Gunther M. – Bios
S. 5-u *Tukan (Ramphastus sulfuratus)*: Planet Earth/Farneti C. – Pix
S. 6-ol *Hummel (Bombus) beim Nektarsammeln*: Bringard D. – Bios
S. 6-o *Fliegenpilze (Amanita muscaria)*: Delobelle J.P. – Bios
S. 6-mo *Farne*: Ferrero-Labat – Jacana
S. 6-mu *Seerosen (Nymphea)*: Cavignaux R. – Bios
S. 6-u *Kastanie (Castanea sativa)*: Monel Y. – Map
S. 7-o *Sibirische Bonsai-Ulme (Ulmus parviflolia)*: Goetgheluck P.
S. 7-u *Ast einer europäischen Lärche (Larix decidua)*: Klein-Hubert – Bios
S. 8-ol *Unterholz in einem Tropenwald*: Pix
S. 8-o1 De Wilde S.
S. 8-o2 Thouvenin G. – Jacana
S. 8-o3 Gladu Y.
S. 8-m1 Secchi-Lecaque/Roussel-Uclaf – C.N.R.I.
S. 8-m2 C.N.R.I.
S. 8-u1 Grospas J.-Y. – Bios
S. 9-o Desmier X. – VISA
S. 9-o1 Rodriguez – Jacana
S. 9-o2 Le Toquin A. – Jacana
S. 9-o3 Grospas J.-Y. – Bios
S. 9-o4 Klein-Hubert – Bios
S. 9-o5 Bertrand – Bios
S. 9-u1 Delobelle J.-P. – Bios
S. 10-o *Kegelmorchel (Morchella conica deliciosa)*: Lanceau Y.
S. 10-u Lanceau Y.
S. 11-o Delobelle J.-P. – Bios
S. 11-m Lanceau Y.
S. 11-u Grospas J.-Y. – Bios
S. 12-ol *Grünalge (Enteromorpha linga)*: Le Toquin A.
S. 12-m Le Toquin A.
S. 12-u De Wilde S.
S. 13-o De Wilde S.
S. 13-or Carré C. – Jacana
S. 13-ur SPL/Kage M. – Cosmos
S. 13-u Nardin C. – Jacana
S. 14-o Le Toquin A. – Jacana
S. 14-u Planet Earth/Maitland D. – Pix
S. 15-o Grospas J.-Y. – Bios
S. 15-ml Grospas J.-Y. – Bios
S. 15-ul Starosta P.
S. 15-mr Compost A. – Bios
S. 15-ur Starosta P.
S. 16-o Le Moigne J.-L. – Jacana
S. 16-l Klein-Hubert – Bios
S. 16/17 Somelet P. – Diaf
S. 17-o Klein-Hubert – Bios
S. 17-ml Klein-Hubert – Bios
S. 17-mr Brun J. – Jacana
S. 17-ur Mioulane N.et P. – Map
S. 18-o *Indon. Riesenschmarotzerblume (Rafflesia)*: Visage-Compost – PHO.N.E.
S. 18-m Dulhoste R. – Jacana
S. 19-o Cavignaux R. – Bios
S. 19-mr Planet Earth/Eastcott & Momatiuk – Pix
S. 19-ul Bringard D. – Bios
S. 19-ur Larivière A. – Jacana
S. 20/21 Goetgheluck P.
S. 21-or *Proteus (Protea)*: Denis-Huot M. – Bios
S. 22-o Pambour B. – Bios
S. 22-ol Gunther M. – Bios
S. 22-ul Brun J. – Jacana
S. 22-u Berthoule H. – Jacana
S. 23-o Masterfile – Pix
S. 23-m Layer W. – Jacana
S. 23-ur Viard M. – Jacana
S. 23-u Frebet J. – Bios
S. 24-o Dalton S. – NHPA
S. 24-u Burton J. – Bruce Coleman
S. 25-o Planet Earth/Eastcott & Momatiuk – Pix
S. 25-or Monel Y. – Map
S. 25-m Grospas J.-Y. – Bios
S. 25-ul Lecourt D. – Jacana
S. 25-ur Grospas J.-Y. – Bios
S. 26-o Klein-Hubert – Bios
S. 26-l Starosta P.
S. 26-u Lacoste L. – Jacana
S. 27-o Douillet J. – Bios
S. 27-m Fotogram-Stone
S. 27-or Thomas J.P. – Jacana
S. 27-u Pilloud P. – Jacana
S. 27-ur Kiefer H. – Figaro Madame
S. 28-o Viard M. – Jacana
S. 28-ml König R. – Jacana
S. 28-ul Viard M. – Jacana
S. 28-ur Thomas J.-P. – Jacana
S. 29-o Olivon P. – Jacana
S. 29-or Delobelle J.-P. – Bios
S. 29-ul Nuridsany et Pérennou
S. 29-ur Volot R. – Jacana
S. 30-ol *Bandwurm (Taenia saginata)*: C.N.R.I.
S. 30-o *Gelbe Koralle (Eucinella cavolini)*: De Wilde S. – Jacana
S. 30-mo *Gartenschnecken (Cepaea)*: Roche J. – Bios
S. 30-mu *Feuerwanze (Pyrrhocoris apterus)*: Lopez G. – Bios
S. 30-u *Hummer (Homarus vulgaris)*: De Wilde S.
S. 31-o *Seestern (Tosia)*: De Wilde S.
S. 31-u *Schmetterling (Argema mittrei)*: Heuclin D. – Bios
S. 32-ol *Eingerollter Tausendfüßer*: Bernard G.I. – NHPA
S. 32-o1 Secchi-Lecaque/Roussel-Uclaf – C.N.R.I.
S. 32-o2 C.N.R.I.
S. 32-m1 Gladu Y. – Jacana
S. 32-o3 De Wilde S. – Jacana
S. 33-o De Wilde S.
S. 33-o1 C.N.R.I.
S. 33-o2 Révy J.-C. – C.N.R.I.
S. 33-o3 Prévost J. – Bios
S. 33-o4 De Wilde S.
S. 33-o5 De Wilde S. – Jacana
S. 33-u1 Ziegler J.-L. – Bios
S. 33-u2 Goetgheluck P.
S. 33-u3 Bain J. – NHPA
S. 33-u4 S.P.L./Read M. – Cosmos
S. 33-ur Serrette D./Paléontologie – Muséum national d'Histoire naturelle, Paris
S. 34-o *Brauner Bahamas-Schwamm (Agelus conifera)*: De Wilde S.
S. 34-u Bavendam F. – Bios
S. 35-o Gladu Y. – Jacana
S. 35-ml Planet Earth/Atkinson P. – Pix
S. 35-m Lanceau Y. – Jacana
S. 35-mr Parks P. – NHPA
S. 35-u Bavendam F. – Bios
S. 36-o *Blutegel (Hirudo medicinalis)*: Chaumeton H. – Jacana
S. 36-u Bavendam F. – Bios
S. 37-o De Wilde S.
S. 37-mr Révy J.C. – C.N.R.I.
S. 37-ml Ferrero J.-P. – Jacana
S. 37-u C.N.R.I.
S. 38-ol *Rote Wegschnecke (Arion rufus)*: Dulhoste R. – Jacana
S. 38-u Génétiaux N.
S. 39-m Labat-Lanceau – Jacana
S. 39-o Roche J. – Bios
S. 39-or Soury G. – Jacana
S. 39-ur Laboute P. – Jacana
S. 40-o *Wolfsspinne (Lycosa) mit Eiern auf dem Rücken*: Heuclin D. – Bios
S. 40-m Bringard D. – Bios
S. 40/41 Planet Earth/Gasson P. – Pix
S. 41-o Lorne P. – Jacana
S. 41-ml Heuclin D. – Bios
S. 41-mr Bringard D. – Bios
S. 41-u Lorne P. – Jacana
S. 42-o De Wilde S.
S. 42-ml Parks P. – NHPA
S. 42-mr König R. – Jacana
S. 42-u Carré C. – Jacana
S. 43-o De Wilde S.
S. 43-m Winner F. – Jacana
S. 43-u König R. – Jacana
S. 44-o Thonnerieux Y. – Bios
S. 44-ml Lopez G. – Bios
S. 44-u Heuclin D. – Bios
S. 44-mr Bringard D. – Bios
S. 45-o SPL/Read M. – Cosmos
S. 45-m Etienne J.-J. – Bios
S. 45-u Rouxaime – Jacana
S. 46-o Cavignaux R. – Bios
S. 46-u Guihard C. – Bios
S. 46-ml Varin J.-P. – Jacana
S. 47-o Lopez G. – Bios
S. 47-l Dalton S. – NHPA
S. 47-mr SPL/Wadforth C. – Cosmos
S. 47-ur Bassot J.-M. – Jacana
S. 48/49 Goetgheluck P.
S. 49-or *Marienkäfer (Coccinella septempunctata)*: Rebouleau B. – Jacana
S. 50-o Etienne J.-J. – Bios
S. 50-ol Bannister A. – NHPA
S. 50-ul Goetgheluck P.
S. 50-r Goetgheluck P.
S. 51-o Goetgheluck P.
S. 51-m1 Lorne P.
S. 51-m2 Lorne P.
S. 51-m3 Lorne P.
S. 51-m4 Lorne P.
S. 51-m5 Lorne P.
S. 51-u Goetgheluck P.
S. 52-o *Australischer Seestern (Echinodermata asteroidea)*: De Wilde S. – Jacana
S. 52-m Rotman J. – Bios
S. 53-o De Wilde S. – Jacana
S. 53-m Chaumeton H. – Jacana
S. 53-ur Danrigal F. – Jacana
S. 53-u De Wilde S.
S. 54-ol *Frosch (Hyla arborea)*: Dalton S. – NHPA
S. 54-o *Pfau (Pavo cristatus)*: Ferrero J.-P. – Jacana
S. 54-mo *Meerjunker (Thalossoma pavo)*: De Wilde S.
S. 54-mu *Elefanten (Loxodonta africana)*: Ferrero-Labat – Jacana
S. 54-u *Rotfuchsweibchen mit Jungem (Vulpes vulpes)*: Danegger M. – Jacana
S. 55-o *Weißhandgibbon (Hylobates lar)*: Brun J. – Jacana
S. 55-u *Pantherchamäleon (Chamaeleofurcifer pardalis)*: Dani C. – Jeske I. – Bios
S. 56-ol *Galapagos-Seeleguan (Amblyrhynchus cristatus)*: McDonald T. – NHPA
S. 56-o1 Snyderman M. – Planet Earth Pictures
S. 56-o2 Taylor R. & V. – Ardea
S. 56-o3 Schauer J. – Fricke H.
S. 56-m1 Soury G. – Jacana
S. 57-o Denis-Huot M. – Bios
S. 57-o1 Lefevre Y. – Bios
S. 57-o2 Compost A. – Bios
S. 57-o3 Labat J.-M. – Jacana
S. 57-o4 Ferrero-Labat – Jacana
S. 57-m1 Wild P. – Jacana
S. 57-m2 Heuclin D. – Bios
S. 57-m3 Dennis N. – NHPA
S. 57-m4 Seitre R. – Bios
S. 57-ur Serrette D./PalÇontologie – Muséum national d'Histoire naturelle, Paris
S. 58-o *Hecht (Esox lucius)*: Noë – Lutra
S. 58-u Ribette M. – Bios
S. 58/59 Marielle B. – Bios
S. 59-o De Wilde S.
S. 59-or Schauer J. – Fricke H.
S. 59-u Heuclin D. – Bios
S. 60-o Rotman J. – Bios
S. 60-ol De Wilde S.
S. 60-m Garguil P. – Bios
S. 60-or Marielle B. – Bios
S. 60-u Soury G. – Jacana
S. 60-ul Lutra
S. 61-o Sylvestre J.-P. – Bios
S. 61-or De Wilde S. – Jacana
S. 61-ur Gladu Y. – Jacana
S. 62-o Rotman J. – Bios
S. 62-ol Planet Earth/Bell G. – Pix
S. 62-u Panda Photo/Watt J. – Bios
S. 62/63 Panda Photo/Watt J. – Bios
S. 63-o Labat-Lanceau – Jacana
S. 63-or Quillivic C.G. – Bios
S. 63-u Soury G. – Jacana
S. 64-o *gemusterter Salamander (Salamandra salamandra)*: Milos A. – Bios
S. 64-m Davenne J.-M. – Jacana
S. 65-o Odum A. – Bios
S. 65-m Bringard D. – Bios
S. 65-or Dalton S. – NHPA
S. 65-mo Dalton S. – NHPA
S. 65-mu Bernard G.-I. – NHPA
S. 65-ur Heuclin D. – Bios
S. 65-ul PHR/HIGFILL KM – Jacana
S. 66-o *Seeschildkröte (Chelonia mydas)*: Planet Earth/Perrine D. – Pix
S. 66-u Gohier F. – Jacana
S. 67-o Seitre R. – Bios
S. 67-or Grospas J.-Y. – Bios
S. 67-ol Brun J. – Jacana
S. 67-mr Heuclin D. – Bios
S. 67-u König R. – Jacana
S. 68-o Loup M. – Jacana
S. 68-m Poulard J. – Jacana
S. 68-u Heuclin D. – Bios
S. 69-o Carmichael J. – NHPA
S. 69-ol Carmichael J. – NHPA
S. 69-or Moiton C.et M. – Jacana
S. 69-ur Rouxaime – Jacana
S. 69-u Heuclin D. – Bios
S. 70/71 Dalton S. – NHPA
S. 71-or *Grünes Heupferd (Tettigonia viridissima)*: Lorne P. – Jacana
S. 72-o *Eier der Singdrossel (Turdus philomenos)*: Martin G. – Bios
S. 72/73 Axel – Jacana
S. 72-u Wisniewski W. – Jacana
S. 73-o Panda Photo/Gaslini G. – Bios
S. 73-u Eichaker X. – Bios
S. 74-o Ferrero J.-P. – Jacana
S. 74-ol Lundberg B. – Bios
S. 74-ur Halleux D. – Bios
S. 74-ul Bannister A. – NHPA
S. 75-o Dalton S. – NHPA
S. 75-m Dalton S. – NHPA
S. 75-ul Seitre R. – Bios
S. 75-ur Pons A. – Bios
S. 76-o Cordier S. – Jacana
S. 76-ol Halleux D. – Bios
S. 76-u Thomas T. – Bios
S. 77-o Seitre R. – Bios
S. 77-m Hellio J.-F.-Van Ingen N. – Jacana
S. 77-ur Hellio J.-F.-Van Ingen N. – Jacana
S. 77-ul Frédéric – Jacana
S. 78-o Seitre R. – Bios
S. 78-ol Hellio J.-F.-Van Ingen N. – Jacana
S. 78-m Lundberg B. – Bios
S. 78-u Alcalay J. – Bios
S. 79-o ADN – Bios
S. 79-m Layer W. – Jacana
S. 79-u Grey M. – NHPA
S. 80-o Delfino D. – Bios
S. 80-ul Dennis N. – NHPA
S. 80-ol Beehler B. – NHPA
S. 80-or Varin-Visage – Jacana
S. 81-o Saunier A. – Jacana
S. 81-or Nigel D. – Jacana
S. 81-u Layer W. – Jacana
S. 82-ol *Australischer Ameisenigel (Zaglossus bruij)*: Cordier S. – Jacana
S. 82-or Palo H. – NHPA
S. 82-u Ziesler G. – Jacana
S. 83-o Auscape/Parer-Cook – Jacana
S. 83-m Klein-Hubert – Bios
S. 83-u Klein-Hubert – Bios
S. 84-o Danneger M. – Jacana
S. 84-m Sauvanet J. – Bios
S. 84-ol Dalton S. – NHPA
S. 84-ul Gohier F. – PHO.N.E.
S. 85-o Gohier F. – Jacana
S. 85-m Dalton S. – NHPA
S. 85-or Dalton S. – NHPA
S. 86-o Danegger M. – Jacana
S. 86-ol Klein-Hubert – Bios
S. 86-u Soder E. – Jacana
S. 87-o Dalton S. – NHPA
S. 87-ol Pierrel F. – Bios
S. 87-or Klein-Hubert – Bios
S. 87-u Bannister A. – NHPA
S. 88-o Wisniewski W. – Jacana
S. 88-ol Amsler K. – Jacana
S. 88-u Cavignaux R. – Bios
S. 88/89 Denis-Huot M. – Bios
S. 89-o Denis-Huot M. – Bios
S. 89-m Layer W. – Jacana
S. 89-u Sourd C. – Bios
S. 90-o Cordier S. – Jacana
S. 90-or Held S.
S. 90-ul Denis-Huot M. – Bios
S. 90-ur Walker T. – Jacana
S. 91-o Shah A. – Jacana
S. 91-or Varin J.-P. – Jacana
S. 91-u Ferrero-Labat – Jacana
S. 92/93 Degré A. – Jacana
S. 93-or *Kalahariwüste*: Gunther M. – Bios
S. 94-o Wildlife/Harvey – Bios
S. 94-ol Danegger M. – Jacana
S. 94-or Tietz T. – Fotogram-Stone
S. 94-u Ferrero-Labat – PHO.N.E.
S. 95-o Pierrel F. – Bios
S. 95-or Pu Tao – Bios
S. 95-u Ferrero-Labat – Jacana
S. 96-o Bruemmer F. – Bios
S. 96-or Visage A. – PHO.N.E.
S. 96-u Ausloos H. – Bios
S. 97-o Gohier F. – Jacana
S. 97-or Auscape/Parer D. & Parer-Cook E. – PHO.N.E.
S. 97-u Gohier F. – Jacana
S. 98-o Loup M. – Jacana
S. 98-ol Ruoso C. – Bios
S. 98-or Seitre R. – Bios
S. 98-u Gunther M. – Bios
S. 99-o Gunther M. – Bios
S. 99-m Ruoso C. – Bios
S. 99-u Lanceau Y. – Jacana
S. 100-ol Biblio. centrale – Muséum national d'Histoire naturelle, Paris
S. 100-ul Biblio. centrale – Muséum national d'Histoire naturelle, Paris
S. 101-mo Biblio. centrale – Muséum national d'Histoire naturelle, Paris
S. 101-or Biblio. centrale – Muséum national d'Histoire naturelle, Paris
S. 101-ol Biblio. centrale – Muséum national d'Histoire naturelle, Paris
S. 101-mol Biblio. centrale – Muséum national d'Histoire naturelle, Paris
S. 101-mor Biblio. centrale – Muséum national d'Histoire naturelle, Paris
S. 101-or Biblio. centrale – Muséum national d'Histoire naturelle, Paris
S. 101-ul Coll. Larousse
S. 101-ml National Museum, Stockholm
S. 101-mr National Gallery, Londres
S. 101-r Gamma
S. 101-ur Zalewski S. – Bios

Illustrationen

Jean-Claude Senée: S. 9, 11, 19, 23, 29.